JN111474

元証券ディーラーが株を長期放置で2倍4倍にする方法

ぱる出版

はじめに

　はじめまして。公認会計士ＫＹと申します。

　この度は、本書を手に取って頂き、ありがとうございます。

　本書では、ここ７年くらいの間、私が実験的に取り組んできた、株式の長期投資の方法と結果について紹介しています。

　どうして長期投資をやってみようと思ったのかというと、そもそも長期投資は本当にもうかるのか、私自身が疑問に感じていたためです。

　世の中では、金融商品などへの投資については長期投資が重要で、短期取引はギャンブルで、投機なのだからやってはいけない、といった論調が定説化しているような気がしていましたので、本当かどうか確かめてみようと思ったのが、今回の投資を始めたきっかけでした。

　ただ、長期投資のことしか書いていないのかといわれれば、そうではなく、短期取引についても、ある程度以上、取り上げています。

　というのは、私は昔、証券会社で株式のディーラーをやっていて、株式の短期取引自体が私の仕事だったこともあるためで、私の株式取引の基礎が、株式ディーラー時代の経験に基づいていることの影響も大きいと思います。

　また、各章の末尾で、株式ディーラー時代の思い出などをEpisode として取り上げたりもしています。

　この他、長期投資と短期取引の比較などもしていますし、

結果的に株式投資の本としてバランスがとれたのかな、と思っています。

　ここで、本書を読み進めていくにあたって、お願いがあります。あくまでお願いですので、できる人だけで大丈夫です。

　可能な人は、WEBの株式関連の情報サイトや、証券会社のインターネット取引用のアカウントなどを活用して、本書で取り上げる株式銘柄等の株価チャートを確認しながら、読み進めてほしいのです。

　これは、本書はスペースの関係上、チャートが小さくなっていて、少しみにくくなっているためであり、また、本書が2020年10月末現在の情報に基づいていることから、最新の情報もチェックしながら、本書で紹介していることが本当か、確かめながら読み進めてほしいためでもあります。

　投資にあたっては、目の前にある情報を鵜呑みにするのではなく、検証しながら判断していくことも大事だと思いますので。

　ただ、そのようなことができる環境にない人も、さほど問題はありません。株式会社ぱる出版様に配慮して頂き、本書の紹介ページ（http://pal-pub.jp/?p=5746）から、チャート集をダウンロードできるようになっています。

　それでは、お楽しみください。
　長期投資は、本当にもうかるのでしょうか。

● Episode 6.
神様の情報源　

第7章

株式を買付ける
タイミングの模索

第9章
実際の株価の動きと
その要因分析

● Episode 9.

終 章

第1章
長期投資なら、
本当にもうかるのか

1-1. 長期投資の重要性

　2000 年、私は証券会社入社 1 年目で、リテール部門の営業員として地方の営業所にいました。

　リテール部門とは、上場会社等の大企業ではない、中小企業や、そのオーナーを含む個人富裕層、一般の個人までを対象とした営業部門のことです。

　当時は、後からみれば、IT バブルが崩壊した年だったのですが、その頃はまだ、証券業界もそんなに悲観的な雰囲気ではなく、新入社員も多かったり、新入社員向けを含め、社員研修も盛んに行われていたりしていました。

　そんな中、研修等でよく取り上げられていたのが「長期投資の重要性」です。

　その頃は、投資信託の新規設定が相次いでいて、投資信託の運用会社が、新規設定された投資信託のプロモーションのために、その販売を担当する証券会社の中で、商品説明の勉強会を開催していました。

　その勉強会は、証券会社の全国全店に向けて、テレビ会議システムで流され、証券会社の営業員は全員、当然のごとく、強制参加です。

　運用会社自体は、投資信託の販売は行わず、証券会社に販売を委託するのが通常ですので、証券会社の営業員に投資信託を販売してもらうため、証券会社の商品部といった部署と

共同で、このような勉強会と称する研修を実施していたのでした。

　営業員からみると、勉強会という名称の、販売命令といったところでしょうか。

　このような勉強会の講師は、たいてい、運用会社の投資信託のプロモーション担当者が務めるのですが、とりわけ、外資系の運用会社の担当者の多くが、

「投資は、長期で行うことが大切です。」

とかいって、紹介している投資信託を、顧客に長期保有してもらえるよう、促していました。

　運用会社は、顧客が保有する期間中ずっと、信託報酬という収益を獲得できますので、そういった事情もあったのだと思います。ちなみに、信託報酬は、運用会社の他、販売する証券会社や、管理を行う信託銀行にも分配される仕組みです。

　証券会社自体が、独自に実施する新入社員向け研修においても、

「これからの時代は、短期売買で販売手数料を稼ぐのではなく、投資信託を長期保有してもらうことで信託報酬を積み上げていく。それが顧客のためにもなる。」

と、それまで主流だった短期売買主体の営業スタイルから、長期投資を前提とする営業スタイルへの転換を目指すような営業方針が示され、実際に、投資信託については、短期売買に関して、証券会社独自の自主規制が導入されたりもしてい

ました。

　この他、その頃は、政府からも「貯蓄から投資へ」のスローガンが打ちだされ、そういったパンフレットなどは、長期投資を前提として、長期投資を推し進める作りになっていたり、投資に関する新聞記事や特集などでも、長期投資こそが正しい投資手法なのだという論調が多かったりしたように、記憶しています。

　思い返してみても、公式的な場面や、公式的な文書等において、それらの「公式的な」度合いが増していくごとに、長期投資こそが正しい投資手法だという考え方が、より支配的になっていたように感じていましたし、この風潮は、現在でも変わっていないように思います。

1-2.　長期投資のリアル

　私は、勉強会に参加したり、研修を受けたり、また、パンフレットや新聞記事でも理論武装し、3か月間の研修期間を終えて、新規顧客開拓の営業に乗りだしていきました。

　しかし、あるとき、顧客になってもらおうと頻繁に訪問を繰り返していた見込み客に、痛烈な一言を頂きました。

「10年前のバブル時代に買って、ずっと長期保有している株がもうかっていると思うか。」

　前後の会話の流れは、よく覚えてはいません。いきなり怒られて、ビックリしすぎたのでしょうか。

　おそらくですが、投資について、長期投資の重要性を説き、「長期投資ならもうかる」とでもいってしまったのでしょう。

　≪図表1≫のチャートをみてください。
　チャートは、日経平均株価が史上最高値の38,957.44円をつけた1989年から2000年までの月間の終値の推移を示したものです。日経平均株価は、日本の株式相場全体を表す代表的な株価指数で、225銘柄の株式を選定して算出されています。
　チャートをみてもらえれば、一目瞭然で、バブル時代、日経平均株価が史上最高値をつけた1989年に株式を買付けた

図表1

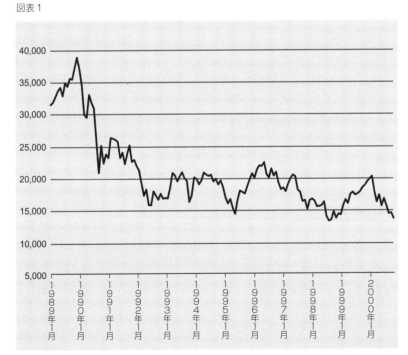

人が、株式を 2000 年まで長期保有していた場合、たいていの人が大損を被ってしまっているでしょう。

　まさに見事な右肩下がりです。

　日経平均株価は、1989 年 12 月終値 38,915.87 円から、2000年 12 月終値 13,785.69 円まで下落しており、半分以下どころか、3 分の 1 近くにまでなってしまっています。

　日経平均株価自体は、株価指数で、株式自体でではないので、すべての株式が日経平均株価と似たような動きをするわけではありません。中には、逆の動きをした株式銘柄もあったかもしれません。

　しかし、ここまで大きく、日本の株式相場全体を表す株価指数が下がってしまったら、株式を保有し続けた人は、それなりに大きなダメージを受けてしまったように思います。

　実は、証券会社の新規顧客開拓の対象は、新規とはいっても、これから新しく証券投資を始めようという人ではなく、すでに他社で証券取引をしている人がメインです。

　そちらの方が、大口の取引になりやすく、また、話も進みやすいためです。

　実際、私が話をきいてもらっていた、他の中小企業のオーナーなども、すでに他社で株式取引をやっていることが多かったです。

　私に、痛烈な一言を浴びせた見込み客も、中小企業のオーナーで、他社で株式取引をされていて、年齢も 50 代前後、取引経験も十分といった感じでした。

　実際に、バブル時代に買付けた株式を保有されていたように思います。

　そのような株式投資の大先輩に対して、大学を出たばかりで、研修や、政府のパンフレット、新聞記事等を鵜呑みにしてしまった私ごときが、「長期投資の重要性」などと口走ってしまったのです。本当に、バブル時代から株式を保有されていたのだとしたら、お怒りになるのも無理はないでしょう。「10年前のバブル時代に買って、ずっと長期保有している株がもうかっていると思うか。」

　これが、研修などで「長期投資の重要性」をしっかりと理論武装して、新規顧客開拓に飛び回っていた、証券会社1年生のリアルでした。

◆ Episode 1. ◆　典型的な株式ディーラー像？

　章末のコラムとして、私の株式ディーラー時代の Episode を、いくつか紹介していきたいと思います。

　初回は、典型的な株式ディーラー像についてです。

　ディーラーといったら、どのような取引をやっていると思いますか。その日に買付けた株式は、その日のうちにすべて売却するといった、日計り商いしかやっていないと思っている人も多いのではないでしょうか。

　ただ、私がいた株式ディーリングのチームでは、まったく違いました。もちろん、日計り商いもやっていたのですが、多くのディーラーのもうけるための主力は、期間としては2週間程度の短期取引でした。なので、私がリテール営業時代に、個人の顧客と一緒になってやっていたことと、やっていること自体は変わりませんでした。

　私も、人事異動の前は、ディーラーって日計り商いしかやっていないんだろうな、と勝手に想像していましたので、当時は、ちょっとビックリしたことを覚えています。

　ただ、これは、私がいた証券会社では、そうだったというだけで、他の証券会社では、日計り商いしか許可されていないような会社もあったようです。証券会社ごとに、そこに至るまでの歴史が違いますし、その歴史の違いによって、ディーリングの目標や、ルールが異なっているのだと思います。

　私がいた証券会社は、歴史的な成功体験があって、大もうけを狙う目標やルールができたみたいですので、少しめずらしいケースだったのかもしれません。

第2章
株式保有のリスク

2-1. きっかけは NISA

2014 年、NISA がスタートしました。

NISA とは、少額投資非課税制度の愛称で、株式や投資信託などの金融商品に投資をした場合、売却益や配当等に対して税金がかかるのですが、NISA 口座（非課税口座）で、毎年一定金額の範囲内で金融商品に投資した場合は、その金融商品から得られる売却益や配当等について、税金がかからなくなるという制度のことです。

私はというと、別の証券会社に転職し、投資銀行部門において、上場会社の株式発行や情報開示のサポート等に従事したり、証券会社自体の資金で株式を売買してもうけを狙うディーリング業務や、株式オプションのプライシング業務等に携わったりもしました。

さらに、その後、証券会社から離れ、公認会計士試験に挑戦して合格、株式上場を目指すベンチャー企業で、上場準備業務や経理業務などを担いながら、公認会計士登録も果たしています。

そのような中、2014 年、NISA がスタートしましたので、私は、それをきっかけに、株式投資を始めようと考えました。

その際に思いだしたコトバが、証券会社 1 年生のときに浴びせられた痛烈な一言です。

「10 年前のバブル時代に買って、ずっと長期保有している株がもうかっていると思うか。」

　また、長期投資こそが正しい投資手法だという「公式的な」圧力も、相変わらず世の中にはびこっているようでしたので、あえて長期投資を選択して、本当にもうかるのか、確かめてみたくなりました。

　NISA の非課税期間が5年間というのも、長期投資には、おあつらえ向きのような感じでしたし。

　この章では、このような感じで始めた NISA での、私の実際の取引等も紹介しながら、株式保有のリスクについて考えていきたいと思います。

2-2. リスクとリターンは表裏一体

　そもそも、株式投資において、リスクとは何でしょうか。本題に入る前に、そこから説明していきたいと思います。

　一般的には、マイナスのイメージが強く、危険とか、将来に起こりうる悪い事象が発生する可能性とかいうのが、しっくりくるリスクの意味なのではないでしょうか。

　しかし、株式を含めた証券投資一般においては、意味合いは異なります。

　証券投資一般において、リスクとは、値動きの振れ幅のことであり、そこには、特別にマイナスのイメージだけが含まれているわけではなく、マイナスもありえるし、プラスもありえるといった定義づけがなされています。

重要なことは、値動きの振れ幅自体であるので、それだけでは、損も得もないということです。

　値動きの振れ幅が大きくても、自分の望む方向、例えば、株を買付けた後に株価が上昇していけば、値動きが大きいだけに、その分、大きくもうかることになりますし、逆に、株価が下落していけば、大きな損失となってしまうという感じです。

　そのため、リスクが大きいということは、何も悪いことばかりではなく、大きくもうかる可能性もあるということなのです。

　私が証券会社で株式ディーラーをやっていた時代に、「リスクをとらないと、もうからない」と、よく指導されていましたが、まさにこのことです。

　ちなみに、株式は一般的に、値動きが激しく、リスクの大きい資産といわれていますし、実際そうだといえるでしょう。

図表2

個別銘柄略称	買付時情報			
（コード）	日付	株価	株数	金額
エフオン（9514）	2014/09/12	759	240	184,900
日本水産（1332）	2014/11/07	376	500	190,700
IGポート（3791）	2014/12/19	1,221	200	247,627
cotta（3359）	2015/09/18	160	1,200	195,008
OATアグリオ（4979）	2016/02/15	1,232	200	249,859
レンゴー（3941）	2017/02/13	657	300	199,908
ソフトマックス（3671）	2020/02/27	692	200	139,830

※1 2020年10月31日現在
※2 個別銘柄略称は、社名変更後の名称
※3 株価、株数は、株式分割による影響を調整した後の数字

2-3. 株式保有の リターンとリスク

　ここからは、私の実際の取引等を紹介しながら、実際の株式保有のリスク、すなわち、値動きの振れ幅についてみていきたいと思います。

　≪図表2≫の表は、私が買付けた株式について、すでに売却したことのある株式銘柄に関して、初回の買付けと初回の売却についてまとめたものです。

　買付時情報は、私が、その株式銘柄を初めて買付けたときの情報です。株価や株数に関して、買付後に株式分割があったものについては、比較しやすくするため、買付時にすでに

売却時情報				
日付	株価	騰落率	株数	金額
2017/08/28	1,024	34.91%	120	120,200
2016/01/04	696	85.11%	300	205,869
2018/01/17	2,549	108.76%	100	251,322
2017/08/18	344	114.57%	600	203,306
2017/11/17	2,561	107.87%	100	252,505
2018/06/05	1,041	58.45%	200	205,278
2020/09/18	1,459	110.84%	100	144,470

株式分割が行われたものとして調整しています（売却時情報
等、以下、同様の調整をしています）。

　売却時情報は、その株式銘柄を初めて売却したときの情報
で、騰落率は、買付時の株価からみて、売却時の株価がどれ
だけ増減したのかの割合を示しています。

　ここで、「株式分割」とは、1株を複数に分割し、発行済
み株式数を増やすことです。

　主に、株価が上昇して、1売買単位あたりの投資金額が大
きくなった場合に、上場会社が、1売買単位あたりの投資金
額を引き下げる目的で、会社法の規定に基づいて、株式分割
を実施することが多いです。

　1株を2株に分割すると、各株主の保有株式数は自動的に
2倍になりますが、理論上、1株の価値は半分になりますので、
株主からみた、理論上の資産価値は変わりません。

　しかし、1売買単位あたりの投資金額が引き下げられ、購

図表3

個別銘柄略称 （コード）	買付時情報		売却時情報		
	日付	株価	日付	株価	騰落率
エフオン（9514）	2014/09/12	759	2017/08/28	1,024	34.91%
日本水産（1332）	2014/11/07	376	2016/01/04	696	85.11%
IGポート（3791）	2014/12/19	1,221	2018/01/17	2,549	108.76%
cotta（3359）	2015/09/18	160	2017/08/18	344	114.57%
OATアグリオ（4979）	2016/02/15	1,232	2017/11/17	2,561	107.87%
レンゴー（3941）	2017/02/13	657	2018/06/05	1,041	58.45%
ソフトマックス（3671）	2020/02/27	692	2020/09/18	1,459	110.84%

※1 2020年10月31日現在
※2 個別銘柄略称は、社名変更後の名称
※3 株価、株数は、株式分割による影響を調整した後の数字

入する投資家が増えるといった思惑や、これまでの歴史的な経緯などから、株価の上昇要因としてとらえられることが多いのも事実だったりします。

　《図表2》の表の内容ですが、半数を超える売買で、騰落率が100%を超える水準、すなわち、株価が倍になってから売却できていることがわかります。
　なお、エフオン（9514）に関しては、買付後に株価が下落し（かつ、下落した後の状況からみても買いだと判断し）たこともあり、2015年12月に488円（株式分割の影響調整後）で株式を買い増していますので、2回目の買付時からみると、こちらも株価が倍になってからの売却といえます。

　これだけみると、買付けた株式の株価が上昇して、売却できてよかったね、という感じなのですが、実際はこれだけではありませんでした。

買付後売却前最安値			買付後最高値		
日付	株価	騰落率	日付	株価	騰落率
2016/02/12	293	−61.36%	2018/06/11	1,508	98.68%
2015/02/09	342	−9.04%	2019/03/28	863	129.52%
2016/01/21	630	−48.40%	2018/03/05	4,435	263.23%
2016/02/12	122	−24.04%	2020/09/30	1,236	671.70%
2016/08/26	1,120	−9.09%	2018/05/11	4,370	254.71%
2017/08/04	603	−8.22%	2018/08/02	1,078	64.08%
2020/03/23	399	−42.34%	2020/10/13	2,090	202.02%

≪図表3≫の表をみてください。

買付後売却前最安値とは、私が、その株式銘柄を初めて買付けた後、初めて売却するまでの間の、もっとも安い株価のことであり、買付後最高値とは、初めて買付けた後、2020年10月末までの間の、もっとも高い株価のことです。騰落率は、それぞれ、買付時の株価からみて、どれだけ増減したのかの割合です。

まず、目を引くのは、買付後最高値で、cotta（3359）の株価が、買付時の7倍を超える水準まで上昇しているということでしょうか。買付後売却前最安値からみると、10倍を超えてしまっています。

cotta（3359）は、新型コロナウィルス感染拡大に伴う、自粛要請の中、2020年4月頃から、巣ごもり消費関連銘柄の一角として注目されだしたことにより、株価が上昇を続け、8月頃から、さらに一段高した、といった感じです。

ちなみに、cotta（3359）の株式を売却したといっても、買付けたときの半分だけです。

その後も、売却していますが、2020年10月末で、まだ300株保有していますので、すごくもうかっていたりします。

ただ、それよりも注目してほしいのは、買付後売却前最安値の方です。

私が株式を売却するまでに、4割を超える下落を演じた銘柄が7銘柄中3銘柄もあり、エフオン（9514）にいたっては、半値どころか、6割超の下落となってしまっています。

　また、2020年2月末から3月にかけての、新型コロナウィルス感染症が世界中に急速に拡大していくという、異常事態の時期ではあったのですが、ソフトマックス（3671）は、株式買付け後、1か月も経たないうちに、株価が4割超も暴落しています。

　後になって、みてみるとですが、はっきりいって、買付けた私がおバカさんみたいですね。

　ただ、結局、ソフトマックス（3671）に関しては、安値をつけた半年後に、そこから4倍近い高値をつけることとなり、私も買値からみて倍以上の株価で売却することができています。

　そして、そこから、さらに株価が上昇して、一時的にですが、安値の5倍を超える高値をつけるに至っています。

　新型コロナウィルスという特殊要因はあったものの、それにしても株式の値動きの激しさについては、ときに驚かされてしまいます。

　このような値動き、それ自体が、実際の株式保有のリスクといえるでしょう。

2-4.　損切りはしない

　さらに、ここで知っておいてもらいたいのは、私が、今回の株式投資では損切りをしないようにしていることです。

　損切りとは、保有する株式等に見切りをつけ、損を覚悟で

反対売買をして、損失を限定させる行為のことをいいます。

損失を限定させるために、あらかじめ5%や10%などの損失の上限を決めて、その上限に達した場合には強制的に反対売買するといったルールを決めて取引する手法もあり、そのルールのことをロスカットルールといったりもします。

投資関連の書籍でも取り上げられることも多く、多くの書籍で、ロスカットルールが推奨されています。

ロスカットルールは、株式取引では、例えば、1日のうちに同じ株式銘柄を何度も売買するといった、いわゆる、日計り商いや、1週間程度から2か月程度までの保有期間のものを含む、短期的な取引においては、有効なケースもあるのかもしれません。

また、証券会社等の金融機関において、ディーラー個人やチーム、部署が損失を膨らませないようにするためには、ある意味、必要といえるでしょう。

実際に、私が、証券会社で株式ディーラーをやっていたときも、個人に課せられたロスカットルールがありました。

しかし、今回の株式投資では、私は、損切りをしないようにしています。

≪図表3≫の表に戻って、買付後売却前最安値の騰落率をみてみると、すべての株式銘柄で5%超の株価下落となっています。

ですので、もしも、私が5%のロスカットルールを前提としていた場合は、すべての株式銘柄で、もうけ損なっていた

こととなります。

　10％でも、半数超の株式銘柄で、もうけ損なっています。

　損切りは、損失を限定させることによって、その後の株式の価格変動のリスクを回避することができますが、結果として、その後に発生するかもしれないリターン（もうけ）を手放してしまっている側面があります。

　損切りに関しては、この事実も、しっかりと認識しておくべきでしょう。

　逆に、損切りをせずに株式を保有し続けるということは、株式の価格変動のリスクにさらされ続けるということです。

　私の実感としては、それに耐えた結果として、大きなもうけが転がり込んでくるケースの方が多いような印象を持っています。

　こういった面でも、まさに「リスクをとらないと、もうからない」といえるのではないでしょうか。

◆ Episode 2. ◆　取引開始前のルーティン

今回は、株式ディーラー時代の取引開始前のルーティンについてです。

といっても、私個人のルーティンではなく、私がいた株式ディーリングのチームにおけるルーティンです。

何をしていたのかというと、株価チャートのチェックでした。

ただし、日本株のチャートではありません。2時間前くらいに終了したばかりのNY市場における米国株のチャートをチェックしていました。

「Bloomberg」ってきいたことありませんか。世界的に有名な金融情報ベンダーなんですけど、そこの情報端末がチームにひとつ用意されていて、朝8時くらいになると、チームの7、8人が、情報端末のまわりに集まって、その日の当番の人がティッカーコードをたたいていきます。

マイクロソフト（MSFT）とか、アップル（AAPL）とか、ジョンソン＆ジョンソン（JNJ）などなど、世界的な有名企業の株価チャートを20社分くらい。

ちなみに、「MSFT」が、マイクロソフトのティッカーコードです。日本でいう、数字4桁の、銘柄コードですね。

私も、週1回は当番をやっていましたので、ある程度は、ティッカーコードを覚えてしまいました。

第3章
株式投資の全体像

3-1. 私の株式投資のフロー

この章では、私の株式投資の大まかな手順について説明して、本書で紹介する、工夫や、作戦、考え方や、方法論などが、株式投資のどういった場面で用いられるのかを、整理しておきたいと思います。

早速ですが、私の株式投資の大まかな手順は、だいたい、≪図表4≫のような感じになっています。

最初のSTEP1は、銘柄選びです。

将来の成長イメージを持てるような会社をみつけたら、財務諸表で簡単なチェックをします。

そこで、問題がないようでしたら、STEP2に進み、株式を買付けるタイミングを模索します。

株価チャートとPERという株式指標から、買付けてもいいと思える株価水準を検討したら、その株価水準になるまで、株価が下落してくるのを待つことになります。

もちろん、STEP1でOKだった株式銘柄について、株価チャートとPERをチェックしてみたら、その時点で、十分に割安だったというケースでは、すぐに買付けますが、それはめったにないレアケースです。

余談ですが、STEP1がOKで、STEP2で買付けてもいい株価水準を固めた株式銘柄について（あとは、株価が下がっ

図表4
私の株式投資のフロー（と本書での解説箇所）

STEP1

銘柄選び	
事業内容から将来の成長イメージが持てる会社を探す 財務諸表で、売上高推移とフリー・キャッシュ・フローをチェック 買付け候補銘柄の選定	第5章 第6章

STEP2

株式を買付けるタイミングの模索	
株価チャートとPERから買付ける株価水準を検討 買付ける株価水準まで、株価の下落を待つ	第7章

STEP3

株式の買付け
全損覚悟で、余力を持ちながら、複数単位で

STEP4

放置（株式保有）
（決算発表等のモニタリングは、やった方がいい）

STEP5

第4章

半分（一部）売り
株価が倍になるなど、買付金額を回収できる金額と株数で

STEP6

永遠に放置（株式保有）
（実際は、自分でメドをつけて売却）

てくるのを待つだけの状態のもの）、私は、常時、5銘柄くらいはストックしておきたいと考えています。

ただ、実際は、まったくできていません。

時間ができたときに、情報源を探りはじめて、株式銘柄を発掘、そして、発掘した株式銘柄を買付けたら、ストックがゼロになり、そうこうしているうちに、今度は、私自身が忙しくなったりして、ストックはゼロのまま、時間が過ぎてい

くことが多いです。

　STEP2まで終わって、本当に、買付けてもいい株価水準まで、株価が下がってきたら、STEP3の買付けです。

　私は、株式を買付けるときは、≪図表4≫にあるような工夫をしています。

　詳しくは、後ほど説明していきますが、ひとつだけ先出しで説明すると、「複数単位で」というのは、STEP5で「半分（一部）売り」をするためです。

　株式を売買するにあたり、もっとも少額で取引するなら、1売買単位（株式の場合は100株です）で取引すればいいのですが、そうやって1売買単位しか買付けなかったら、通常、一部のみの売却ができなくなってしまいます（会社が株式分割を実施してくれれば別ですが）。

　そのため、「複数単位で」で買付けることが必要なのです。

　STEP3で、株式を買付けた後は、STEP4の放置です。

　私は、今回の株式投資では、損切りをしないことにしていますので、基本的には、ほったらかしで、株価が十分に上昇するまで株式を保有し続けます。

　ただ、何もしていないわけではありません。株式を保有している会社の情報を収集して、会社の状況をモニタリングしています。

　上場会社は、証券取引所の規則で、四半期（3か月）に1回、決算発表をすることが義務付けられています。決算発表のと

きに、「決算短信」という、会社の財務情報などが記載された資料が公表されますので、私は、必ず、それに目を通しています。

ここで、内容が悪かったからといって、私は、損切りするわけではないので、「不要では」と思われる人がいるかもしれません。

しかし、私は、STEP1で抱いた、会社に対する将来の成長イメージが、本当だったのか、採点するために目を通しています。

結果がよくなかったとしても、何か問題点を学習して、私自身の、（別の会社をみるときも含めて）会社をみる目を、よりよくしていくためです。

この他、上場会社は、自社のホームページに、「投資家情報」などのIRページを準備していますので、決算発表時に、そこの「IRニュース」とかにある、過去の開示情報にも、目を通しておくといいでしょう。

実は、「IRニュース」の確認は、私もできていなかったのですが、本書を執筆するにあたって、色々調べる中で、保有銘柄の過去の開示情報を把握しておく必要性を、痛感することが多かったです。

ただ、時間があるときかぎりですが、通常は、年1回開催される株主総会には、ときどき行ったりしています。こちらも、なかなか勉強になります。

株式を保有し続けて、株価が十分に上昇してきたら、

STEP5 の半分（一部）売りです。

　ここでのポイントは、≪図表4≫にあるように、買付金額を回収できる金額と株数で、売却するということです。

　買付金額が回収できたら、売却していない方の、残りの株数については、ある意味で、「無料（ただ）」で株式を保有しているのと、同じような状態になりますので、STEP6 にあるように、「永遠に放置」、「永遠に株式保有」できるようになるよね、というのが、私が、今回の長期投資で実践している、長期保有のための作戦です。

3-2.　ガイダンス

　以上が、私が、今回の長期投資で実践している、株式投資のフローとなります。

　本書では、上記フローの中で、実践している、工夫や、作戦、考え方や、方法論などについて、次章の第4章から第7章にかけて、説明していきます。

　上記フローの手順とは、順番は異なりますが、まずは、第4章で、STEP3 から STEP6 までの、私の投資スタイルについて説明します。

　STEP1 の銘柄選びについては、続く第5章で、長期投資のためにはどのような会社の株式を買付けたらいいのか、理論的なところを説明して、第6章で、情報源など具体的な情報の仕入れ方について紹介するつもりです。

　そして、STEP2の株式を買付けるタイミングの模索については、第7章で、株価チャートと株式指標PERの利用法や、それらの限界、注意点などについて説明します。

　その後は、実際の私の取引事例を題材にして、過去の株式の買付けについて検証したり、買付けた後の株価の動きや、その要因等について分析したりして、株式投資に興味がある人にとって、参考になる情報を提供できれば、と考えています。

◆ Episode 3. ◆　口走った株式銘柄が日本経済新聞に！

　今回は、2007年の年末から、2008年の年明けにかけてのお話です。

　たしか、2007年の年末だったと思うのですが、私がいた証券会社のエクイティ・ディーリング部門に、電話がかかってきました。

　年末で、ほとんど人がいなくなっていたせいか、その電話にでたディーラーが、私に、来年、上昇が期待できそうな株式銘柄は何か、ときいてきます。どうやら、日本経済新聞社の記者が、取材でかけてきたようでした。

　私は、エクイティ・ディーリング部門に異動してきて、3か月も経たない、自分が答えてしまっていいものか、と思いながらも、まず、エヌ・ピー・シー（6255）がいいと思うと答え、ついで、アルコニックス（3036）もいいと答えました。

　すると、その理由についてもきいてきたので、前者については、太陽電池の製造装置をつくっていたことから、太陽電池に期待、後者は、レアメタルを取り扱っている非鉄商社だったことから、レアメタルに期待とか、いったりしていました。

　そして、年が明けてちょっとして、ビックリすることになります。

　なんと、日本経済新聞の、たしか投資情報のとこだったと思いますが、今年、上昇が期待できる株式銘柄といった感じの記事の見出しに、エヌ・ピー・シー（6255）が、デカデカと取り上げられているではありませんか。

　とりあえず、その日のエヌ・ピー・シー（6255）は、「ストップ高」の3,860円で引け、その後、2008年の6月に、その年の高値となる6,650円をつけるところまで上昇していきました。

第4章
投資スタイル

4-1. 私の投資スタイル

　私は、第3章の≪図表4≫のSTEP3からSTEP6までに示したとおり、買付けた株式を放置して（保有し続けて）、株価が倍になったら半分売却して、残り半分を永遠に放置（保有）するという作戦をとっています。

　なぜ、このような作戦を考えだしたのかというと、買付けた株式を長期間保有し続けることが、とても難しいことだからです。

　株式といった値動きの激しいリスク資産を保有していると、色々と気になってしまったり、とくに、自分自身のリスク許容度を超えた金額の投資をしてしまうと、保有しきれずに売却してしまったりします。

　私は、証券会社の株式ディーラーだったときの経験から、株式を保有することの難しさを実感していましたので、株式ディーラー時代に、教えてもらったことなどを応用して、上記のような作戦を考えだしました。

　この章では、私が、どうして、このような作戦で取引していこうと考え、実際に、そう取引してきたのかについて説明していきます。

4-2.　株は心理学

　2007年、
「株は心理学だよ。」
呼びかけられて、そう続けられたのが、証券会社の株式ディーラー時代の上司に、初めて教わったアドバイスだったのかもしれません。

　私が、証券会社で株式ディーラーをやっていた頃の、エクイティ・ディーリング部門の組織体制は、株式ディーリングのチームが2チームあり、株式オプションのチームが1チーム、組織というよりは、ほぼ、個人といった感じでしたが、株式で、ロング・ショートという戦略をとっているチームが、2から3チームある、といったところでした。

　私は、株式ディーリングの2チームうちの、ひとつに属していて、そこのリーダーが、私に冒頭のアドバイスをくれた上司です。

　なお、この株式ディーリングのチームは、チームで役割分担を決めて、チームとして仕事を進めるというわけではなく、個人ひとりひとりで損益が管理されていて、あくまで個人に与えられたポジションの金額の範囲内で、ですが、どの株式銘柄を、どうやって取引するのかは、個人の裁量に任されていました。まあ、原則、自由にやっていいということです。

　私が、今でも幸運だと思うことは、私がいた証券会社のエ

クイティ・ディーリング部門は、取引情報等も含めて、非常にオープンで、私にとって、素晴らしい学びの場になったということです。

どうやら、他の証券会社のエクイティ・ディーリング部門では、株式ディーラー同士が情報交換をするようなことは、まれだったようです。なぜなら、自分のもうけ方を、他の株式ディーラーに知られて、マネされると、自分のもうけが減ってしまうようなこともあるからだそうです。誰かに、そう教えてもらった記憶があります。

一方、私がいた、証券会社のエクイティ・ディーリング部門、中でも、私が属していた株式ディーリングのチームは、非常にオープンで、週に1回、定例の勉強会を開いていて、参加者は、各自、過去1週間の自分の取引で、うまくいったものと失敗してしまったものの紹介や、次の1週間など、今後、自分が取り組もうとしている株式銘柄の紹介、株式投資に関連するテーマについての自分の研究やデータなどの紹介を行っていました。

そういった勉強会があること自体も、他の証券会社のエクイティ・ディーリング部門では、異例だったかもしれませんし、勉強会以外でも、経験豊富な先輩ディーラーから、アドバイスをもらうこともあって、未経験者が色々なことを学んでいくのに、とても優れた環境だったように思います。

私にとって、さらに幸運だったのは、エクイティ・ディーリング部門に異動してきたときの、私の教育担当者に、かな

り丁寧に面倒をみてもらっていたことです。

　私がいた証券会社の株式ディーラーは、株式市場の取引時間終了後に、1日の取引や、ポジション、損益状況についてのレポートを作成、提出することになっていました。

　私は、勉強会の日以外は、毎日、取引時間終了後に、その教育担当者に、一日の取引を報告して、アドバイスをもらったり、教育担当者がどうやって取引したのかを教えてもらったりしていて、私と同じタイミングで異動してきた、他の新人たちと比べて、明らかに、手厚いサポートを受けていました。

　しかも、私の教育担当者は、ディーリングの天才でした。

　実際に、他の株式ディーラーからも、天才ディーラーと呼ばれていましたし、私も、その頃から今に至るまで、ずっと、そう思っています。

　株式ディーリングのチームの株式ディーラーは、普通の人で、5億円までのポジションを持つことができる枠を与えられていましたが、私の教育担当者は成績が優秀で、確か15億程度の枠をもらっていたはずです。

　ちなみに、冒頭のアドバイスをくれた、上司は、30億円までの枠をもらっていましたが、私はこの上司のことも、本当に今でも株式投資の神様のように思っています。

「株は心理学だよ。」

　上司が、私にそう教えてくれたのは、株式投資において、大学で勉強するような、本物の心理学の学説などが、必要だ

とか、有効だとか、という意味ではありません。

　株式投資では、買付けたり、売却したりもそうですが、とくに、投資ポジションを維持し続けることにおいて、自分自身の心のありようが、何より大事だということです。

　少なくとも、私は、そのように受け取っています。

　やや抽象的すぎるので、わかりやすくすると、自分自身の資金や、リスク許容度からみて、大きすぎる取引金額で、株式を買付けようとしても、多くの人は、ビビッてしまって、買付けに至らないでしょうし（これが、正常な行動で、かつ、正解の行動だと思います）、たとえ、買付けることができたとしても、買付けた株式を保有し続けることは、至難の業だということです。

　例えば、生活費なども含めて、100万円しか持っていない人が、その全額を、とある株式に投資してしまったら、生活もあるため、必ず勝たなければならない状態に陥ることになります。そして、そのような、必ず勝たなければならないという心理的なプレッシャーには、たいていの人は耐えられないのです。

　ここで、さらに難しいのは、こういった心のありようは、自分自身でも、実際にやってみないと、気づけないことがあるということでしょう。

　株式ディーラー時代の私も、一定の投資ポジションを保持できると思って、ポジションを構築したものの、結局、自分自身の「心」が耐え切れなくなって、ポジションを解消してしまったようなことがよくありました。

4-3. 余力を持ちながら、株式を買付ける

　繰り返しになりますが、私は、今回の長期投資で、買付けた株式を放置して（保有し続けて）、株価が倍になったら半分売却して、残り半分を永遠に放置（保有）するという作戦をとっています。

　株式の買付けに関しては、第3章の≪図表4≫のSTEP3にあるような工夫をしているのですが、そのうち、「余力を持ちながら」ということについて説明していきたいと思います。

　株式を買付けるにあたり、「余力を持ちながら」というのは、ある会社の株式を100万円分まで保有してもいいと思ったときに、いきなり、100万円全額で買付けず、まずは、30万円とかで買付けるということです。

　これは、普通の人は、そして、もちろん、私もですが、株式を買付ける際に、その後の株価の動きについて、完全に予見することは不可能ですので、自分の目論見とは逆に、株価が下落してしまった場合のために、対応する余力を残しておく、という考えに基づいています。

　ちなみに、本当に、株価が下がった場合において、常に、その会社の株式を買い増すというわけではありませんし、また、株式を買付けた直後に株価が下がったからといって、す

ぐさま、株式を買い増すといったわけでもありません。

　少なくとも1年くらいは、最初に買付けた金額のまま保有を続けて、1年以上の期間が経過した後で、あらためてその会社の状況をチェックしてみて、それでも、その会社の株価が割安だと判断した場合にのみ、株式を買付ける感じです。

　そのときに、その会社の状況が、最初に買付けたときと変わらないか、むしろ好調であり、さらに、株価が、最初に買付けたときよりも下がっているのであれば、さらにいい買い物ができると考えるのです。

　残念ながら、最初の買付けは、もっといい買い物ができたという意味では、失敗なのですが、それは、買付けるタイミングで、その後の株価の動きを完全予見できない以上は、仕方のないことだと考えるべきでしょう。

　このように、「余力を持ちながら」買付けを行うということは、たとえ株価が下落したとしても、将来において、もっといい買い物をするための準備をしている面があるという意味で、株式を買付ける際の、心理的なプレッシャーを軽減する効果もあると思います。

　株式投資、とりわけ、長期投資では、そうですが、将来の株価の動きが、上昇、下落のどちらにいったとしても、それが、自分にとってプラスになりえるように、自分の行動を調整していくことは、効果的な取り組みであるように思います。

　それは、株式を買付ける場面においては、「余力を持ちながら」株式を買付けるということなのです。

4-4. 全損覚悟と放置

　私は、「余力を持ちながら」株式を買付けるのと、同時に、「全損覚悟」で株式を買付けてきました。

　この「全損覚悟」という表現は、

「何をいっているんだ、コイツは！」

と驚かれるような、刺激的な表現にうつるかもしれません。

　ただ、「全損覚悟」で株式を買付けるということが、株式を長期保有するためのコツだと、私は考えています。

　私は、証券会社の株式ディーラー時代、株式ディーラーとして働き始めて、半年くらいで、日計り商いで、安定的なもうけをだせるようになっていました。

　ただ、私がいた証券会社では、半年間で5,000万円以上のもうけを出すことができなければ、クビになってしまうという厳しい条件がありました。

　私の日計り商いの方法は、そこまで大きなもうけをだせるような方法ではありませんでしたので、5,000万円以上という条件をクリアするべく、日計り商いから、2週間から2か月間程度くらいの期間をメドに、投資ポジションを維持して、さらに大きなもうけを狙えるような方法へ、期間や投資手法のシフトを試みました。

　ところが、それは、長い間うまくいかず、苦戦が続きました。

　超短期の日計り商いでは、株価が、自分の目論見と逆に、

動き出したら、すぐに、損切りや、利益確定することで、投資ポジションをゼロにして、リスクをゼロにすればいいのですが、投資ポジションを維持するというのは、リスクを取り続けるということですので、大きな損失を出してしまうかもしれないという恐怖で、うまく投資ポジションを維持できなかったのです。

「株は心理学だよ。」

　上司が、私に与えてくれたアドバイスは、このことだったのかと、しばらくの間、私は、投資ポジションを維持するための、株式の買付け方や、心構えなど、自分なりの方法論を模索していくこととなりました。

　そもそも、2週間程度の、比較的、短期の株式取引でも、投資ポジションを維持することは難しいのに、今回、どうやったら、株式を長期保有できるのかを考えて、思いついたのが、株式を買付けた資金については、一旦、なかったものとして諦めてしまう、ということです。

　株式を買付けた資金をなかったものとして、諦めてしまえば、その後に、株価が大幅に下落するようなことがあっても、動じることはないはずです。

　だからこそ、今回の、私の長期投資では、少々どころか、株価が半分以下になってしまっても、損切りはしないし、ロスカットルールなども設定していません。

　すなわち、ほったらかしの「放置」ということですが、私は、この「放置」によって、第2章の《図表2》などにある

ように、買付けたときの株価の倍以上の株価で、株式を売却してきました。

　以上が、株式を買付けるにあたっての、「全損覚悟」の心構えであり、株式を買付けた金額に限定した範囲内での、最大のリスクテイクです。

　そして、その最大のリスクテイクをもって、大きなリターンを狙っていくのです。

　ただ、ここで、忘れてはならないのは、株式を買付ける資金が、正真正銘、本当の余裕資金でなければならないということです。

　将来、明確に使う予定があるような資金だと、その予定が到来したときに、問答無用で、株式を売却しなければなりませんし、もし、そのときに、株価が半分以下になっていて、お金が足りなくなってしまっていたら、目も当てられません。

　これでは、普通の神経を持った人であれば、「全損覚悟」の心構えで、株式を買付けることなどできないはずです。

　そういった意味では、心構えは大事ですが、その心構えを持つための前提として、正真正銘、本当の余裕資金を準備することが、まずは、大事であるといえるでしょう。

　ここまで、「全損覚悟」と繰り返してきましたので、念のため、フォローしておきますが、本当に「全損覚悟」をしなければならないような、問題のある株式銘柄を買付けにいってはダメです。

当たり前のことですが、買付けた後に、株価の上昇が見込めるような、割安と思える株式銘柄を、みつけているのが大前提で、そのような株式銘柄を買付けるにあたっても、本当の余裕資金で、「全損覚悟」の心構えで、買付けにいくということであるのは、いうまでもないでしょう。

4-5.　半分売りと永遠に放置

　そうやって、「全損覚悟」で株式を買付け、株価が倍になるなど、十分な値幅が取れるくらいまで保有し続けられたら、今度は売却です。

　私は、ここで、保有株数の全部を売却するのではなく、保有株数の半分、または一部のみを売却してきました。

　第2章の≪図表2≫をもう一度みてもらいたいのですが、買付後に株価が下落し、買い増しを行った、エフオン（9514）以外は、すべて、1回目の売却で、初回の買付金額以上の売却金額を回収していることがわかると思います。

　無論、これは、そうなるように、作戦として、売却の株価とタイミングを決めているためです。

　買い増しを行っていないケースでは、すべて、1回目の売却で、買付金額の回収に成功しているのは、まさに、作戦どおりなのです。

　こうなってしまうと、後は、「超」簡単です。

　もしも、1回目の売却以降に、買付けた株式の会社が、そ
れこそ倒産してしまい、株式の価値がゼロになったとしても、
最初の株式の買付けという取引は、すでにもうかっているこ
とになります。

　もちろん、倒産によって、もうけは大きく減ってしまうの
ですが、1回目の売却で、買付金額を回収済みであり、少し
ばかりのもうけでも、それを確定させているためです。

　どんなに小さくとも、勝ちは勝ちといえるでしょう。

　そういった特殊な状態に持っていくことができたら、株式
は値動きの激しいリスクの大きい資産であることは、間違い
のない事実なのですが、正直なところ、心理的にかなり気楽
に株式を保有できるようになります。少なくとも、私にとっ
てはそうです。

　だからこそ、「永遠に放置」して株式を保有し続けられる
のです。

　この、一部売却によって買付金額を回収しておきながら、
残りの株数について株式を保有し続ける方法は、私が、証券
会社の株式ディーラー時代に、天才とうたわれた私の教育担
当者から教えてもらった「半分売り」を、長期投資に応用し
たものです。

　当時、私は、前述のとおり、日計り商いから、2週間から
2か月間程度まで投資ポジションを維持するよう、期間や投
資手法のシフトを試み、苦戦していたのですが、いいタイミ
ングで株式を買付けることができたとしても、売却のタイミ

ングをうまくとらえることができずに、投資ポジションを維持し続けた結果、せっかく評価益となっていたものが、結局、損失になってしまうということを繰り返していました。

　そのようなときに、教育担当者がアドバイスしてくれたのが、日計り商いなどで、取引時間終了前にそれなりに大きな評価益が出ているときは、半分は利益確定し、残りの半分は投資ポジションを維持して、さらに大きなもうけを狙いにいけばいいという方法でした。

　もちろん、当初の目論見どおりに、株価が、さらに上昇したときは、もうけの爆発力は小さくなるのですが、翌日の値動きが、どっちに転んだとしても、「よかった」と思えるような状況をつくることができて、気持ちが楽になりますし、何より、半分は利益確定していますので、もうけもしっかり残すことができる、手堅い方法といえるでしょう。

　なお、「株価が倍になったら、半分売る」というのは、もっとも典型的で、かつ、わかりやすいパターンであり、株式銘柄によっては、株価が倍になる前に、買付金額を回収しているケースがあるのは、第2章の≪図表2≫のとおりです。

　大事なのは、一部売却によって買付金額を回収しておきながら、残りの株数について株式を保有し続けることによって、残りについては、気軽に、かつ、永遠に保有できるように、一連の取引を工夫しているということです。

4-6. ［参考］一般的な 短期取引との対比

　ここでは、参考として、今回の長期投資における私の投資スタイルと、一般的な短期取引とを、対比してみたいと思います。

　一般的な短期取引と比較することで、私の投資スタイルへの理解も深まるでしょうし、一般的な短期取引や、長期投資、それぞれの特徴や、注意点なども、知ってもらえるのではと、考えるためです。

　≪図表5≫の表をみてください。

　なお、≪図表5≫の表は、一般的な個人が、単純に株式を売買するレベルを前提としており、特殊な戦略に基づく取引や、プログラム取引、いわゆる高速取引（HFT）などについては想定していません。

　表は、株式の投資スタイル一般について、ある程度は、私の独断と偏見で、作ってみたものですが、期間のイメージのところ以外は、投資に詳しい人がみても、十分に納得感があるものになっているのではないかと考えます。

　正直なところ、期間については、本当に、人によって区切り方が全然違ったりしますので、違和感があったとしたら、あくまでも、本書での分類と、割り切ってもらえればと思います。

図表5

期間		超短期	短期	…	長期	長期(私の投資スタイル)
	イメージ	日計り商い	オーバーナイト〜2週間くらいまで最大限ひっぱっても2か月程度		1年超〜	目標としては永遠
取れる値幅		小	小〜中		中〜大	大
	イメージ	1カイ2ヤリ〜普通なら取れて5%程度くらいまで	10〜20%とれたら十分		人による(値幅取りなら最低でも30〜50%くらいはほしいのでは)	原則、倍以上
1回の取引金額		大	大		小〜大までいくらでも	小
	レバレッジ	かけることも多い	かけることも多い		普通はかけない	かけない
投資行動/制限						
	損切り	普通は必要	普通は必要		どちらでも	しない
	ロスカットルール	あった方がいい	あった方がいい		どちらでも	なし
	ナンピン買い	普通はしない	普通はしない		人による	結果的にそうみえることもある

　少しだけ、用語を補足しておきましょう。

　「期間」の「イメージ」の、「短期」にある、「オーバーナイト」とは、日計り商いではないということで、取引時間終了前に、投資ポジションを解消せず、少なくとも、取引時間終了後から、翌日の取引開始時までは、投資ポジションを維持するということです。

　米国など、海外の株式市場が、想定と逆の方向に大きく動いてしまった場合などには、なすすべなく大きな損失をかかえてしまう可能性が高くなりますので、日計り商いしかしないと決めているような人にとっては、かなり危険を感じるよ

うな行動だったりします。

「取れる値幅」の「イメージ」の、「超短期」にある、「1カイ2ヤリ」とは、例えば、501円で買付けた株式を、502円で売却することです。売買する際の価格の刻み幅のことを、呼び値といいますが、呼び値1単位の値動きという、極めて小さい値幅で、反対売買しているさまをいいます。

「レバレッジ」とは、平たくいえば、借金をして、株式を買付けることです。信用取引という言葉を聞いたことがあるかもしれませんが、300万円の証拠金を元手に、証券会社からお金を借りて、1,000万円の株式を買付けることができるといったイメージです。

「ナンピン買い」とは、買付けた株式の株価が下がった場合に、その株式を買い増すことによって、一連の買付けの平均単価を引き下げることをいいます。

例えば、手数料を無視して考えると、1,000円で100株買付けた株式の株価が、800円まで下落したときに（このとき、20,000円の評価損の状態）、100株買い増しておくと、株価が900円まで戻ったときに200株売却することで、損失を回避できます（なお、私個人は、この例のように、損失を回避できるところでの売却を見越した買い増しが、ナンピン買いと定義されているような印象を持っています）。

書店においてある、株式に関する書籍や、インターネットで検索して出てくる情報の多くで、ナンピン買いは、やってはいけない取引として紹介されていたりしますが、そのような書籍や情報は、たいていの場合、（なんの説明もなく）超

短期や短期の投資スタイルに属するような投資方法についての書籍や情報であることが多い印象です。

　≪図表5≫の表の、期間が「超短期」や「短期」の記載に関して、しっかりとしたもうけをだして、かつ、大きな損失を回避したいと考えた場合は、次のような論理の流れが成り立つように思います。

　投資の期間を、超短期や短期にした場合、株式の保有期間が短いため、売買で獲得できる値幅がどうしても小さくなります。

　すると、売買で、しっかりとしたもうけをだすためには、1回あたりの取引金額を大きくせざるをえなくなるでしょう。

　ただ、株価の動きが、常に、思ったとおりにいくわけではなく、逆に動いてしまった場合、取引金額を大きくした以上、損失も大きくなってしまうため、損切りや、ロスカットルールの設定が必要になってきます。とくに、信用取引で、借金をして買付けを行っている場合、借金を返せなくなってしまってはダメなので、なおさらです。例えば、300万円の証拠金を元手に、1,000万円ほど買付けた株式の株価が、半分になってしまったら、借りたお金が返せなくなってしまいます。

　以上のような、論理の流れくらいまでは、一般的な個人が、単純に株式を売買するレベルにおいては、たいていの株式の超短期や短期の投資スタイルに当てはまるように思います。

　また、場合や人によってですが、1回あたりの取引金額を
大きくすると、どうしても株価の動きが気になってしまうで
しょうから、取引時間中、ずっと株価の動きをみていること
が多くなるでしょうし、取引する株式銘柄の数は、少数に絞っ
ていく傾向も強くなっていくと思われます。

　とくに、資金が少ない人が、超短期や短期の期間で、売買
をするのならば、借金が必要になってくるでしょう。そこ
で、借金ができたとしても、それほど、大きな資金は確保で
きずに、少ない株式銘柄に資金を集中せざるをえず、他の株
式銘柄を買付けようと思ったら、すでに買付けている株式の
どれかを、売却せざるをえないようなこともあるのではない
でしょうか。

　必ずというわけではないですが、そういった意味では、株
式取引の経験が少ない人が、超短期や短期の期間で取引をす
る場合は、複数の株式銘柄に分散して投資していくというよ
りは、少数の株式銘柄に集中投資していくことが多いのでは
ないかと思います。

　超短期や短期の投資スタイルの特性と対比していくと、今
回、本書で紹介する私の投資スタイルは、最終的に、株式を
永遠に保有しようとしているので、本来であれば、無限の値
幅取りが狙えるはずです。

　取れる値幅が「原則、倍以上」というのは、株式を永遠に
保有するために、まずは、株式を買付けた金額を回収すべく、

「株価が倍になったら、半分売る」という典型的なパターンを想定しているためです。

　もっとも、無限の値幅取りではなく、取れる値幅が「原則、倍以上」であったとしても、十分な値幅が狙えるといえますので、1回あたりの取引金額が小さくても済みます。

　もちろん、人によっては、取引金額が大きくても、問題はないでしょうが、もし、自分自身の資金や、リスク許容度からみて、大きすぎる取引金額で投資したとしたら、おそらく、大多数の人は、長期に保有することができなくなってしまうでしょう。

　今回の私の長期投資では、NISA（少額投資非課税制度）を利用していて、非課税枠の限度が、1年あたり120万円までということから、取引金額が小さくなっている面もありましたが、振り返ってみると、正直、私の資金やリスク許容度からみて、取引金額が小さくて済むというのは、ちょうどいい感じだったように思います。

　十分な値幅が狙えて、1回あたりの取引金額が小さくて済むなら、レバレッジをかける（借金をしてまで買う）必要もありません。

　さらに、買付けの場合は、取引金額を超える損失はでません。そして、取引金額自体が小さいのであれば、たとえ会社が倒産するなどして全損となってしまっても、そこまで大きな損失にはなりませんので、損切りもしないしロスカットルールもいらないと考えているのです。

　私の投資スタイルは、期間を長期で考えているため、長い

時間がかかってしまう点で、気が短い人や、すぐにもうけを
だしたい人には向かないかもしれません。

　ただ、取引金額が小さくて済み、結果として、最悪のケー
スでも、損失が限定される点では、初めて株式投資をするよ
うな人に向いている面があると思います。

　このように対比すると、期間が超短期や短期の短期取引は
リスクが大きくて、やめておいた方がよく、期間が長期の長
期投資ならリスクも小さく、やるのなら長期投資の方である
と、勧めているように受け取られるかもしれません。

　しかし、私は、実のところ、そのようなことはまったく考
えていません。

　本書を読んでみて、自分は、すぐにもうけをだしたいと、
長期投資でなく、短期取引でやっていこうと決める人がいて
もいいと思っています。

　実際に、私もやっていた証券会社における株式ディーラー
は、≪図表5≫の表でいくと、期間が超短期や短期の短期取
引をしている人がほとんどで、そんな株式ディーラーという
職業自体が存在しているわけですし、極めて厳しい条件下で
はありましたが、私がいた証券会社でも、長年、株式ディー
ラーとして活躍し続けていた人が何人もいます。おそらく、
証券会社の外、一般の人々の中にも、短期取引で大もうけし
ている人はたくさんいるでしょう。

　当たり前のことですが、短期取引だからといって、必ず、
大損してしまうわけではないのです。

逆に、長期投資であっても、買付ける対象やタイミング等に失敗してしまうと大損してしまいます。

　第1章で紹介した、証券会社の新入社員時代の私が、長期投資の重要性を口走ってしまい、見込み客にお叱りを受けてしまったエピソードや、第1章の≪図表1≫の日経平均株価のチャートを、もう一度みてもらえればと思います。

　長期投資だからといって、大損しないというわけではないのです。

　第1章では、政府のパンフレットなど、公式的な場面や、公式的な文書等においては、とくに、長期投資こそが正しい投資手法だという、公式見解というか、支配的な風潮のようなものがあると述べました。

　そのような文書や、そのようなことを発信する人の多くは、たいてい、短期取引は、投資ではなくて、投機であり、ギャンブルで、大損してしまうから、やってはいけないといいます。

　私は、別に、短期取引をやってはいけないとは、思っていません。そのうち、再び、私自身が、短期取引に取り組むこともあるだろうとすら思っています。

　ただ、気をつけてほしいのは、一般的な個人が、単純に株式を売買するレベルにおける、超短期や短期の投資スタイルの特性に基づく、危険性というものがあるので、そういった危険性や、それに対処するための手段すら知らないまま、短期取引をやり続けるのは、あまりにも無謀すぎるということです。

　そして、超短期や短期の投資スタイルの特性に基づく、危険性について、しっかりと認識したうえで、それに対処すべく、損切りや、ロスカットルールといった、投資行動や制限などの工夫をうまく活用して、取引していけば、問題はないように思います。

　ただ単に、300万円の証拠金を元手に、1,000万円ほど買付けた株式について、株価が半分になるまで、ほったらかしにしてしまってはいけないというだけのことです。

　また、本書を読んで、長期投資をやってみようと思った人は、長期投資こそが正しい投資手法だと発信している人の多くのように、短期取引自体や、短期取引をやっている人々のことを否定する必要はありません。というよりは、否定するべきではありません。

　そもそも、株式市場における株式取引は、買い手と売り手とがいて、はじめて成立します。自分が、ある株式を買付けたいと考えた、まさにそのときに、まったく逆に、株式を売却したいと考える人がいないと、取引は成立しないのです。

　様々な人が、たくさん集まって、それぞれ違った考えを持って、取引に参加しています。それが、株式市場です。そんな株式市場で、自分が長期投資をやっているからといって、短期取引をやっている人を、否定したり、バカにしたりするのは、まったくもって、意味がないことといえるでしょう。

◆Episode 4.◆ 鮮やか！沢井製薬(4555)の「ストップ高」！

　今回は、私が日計り商いで「ストップ高」をとった取引を紹介します。はっきりいって自慢です。

　それは、2007年11月のことでした。私が、株式ディーラーになって、取引を始めて2週間といったところで、まだまだ練習期間のようなもので、日計り商いしか許可されていませんでした。許されていた取引金額も、まだまだ小さかったです。

　その日の朝イチ、私は、日本経済新聞の、たしか4面で、政府がこれからジェネリック医薬品に力をいれる方針であるという記事をチェックしました。ジェネリック医薬品とは、新薬の特許が切れた後に、別の製薬会社が同じ有効成分で製造する割安の医薬品のことです。

　ジェネリック医薬品といえば、沢井製薬（4555）でしたので、私は、取引直後の9:00頃に、「見張り」として、3,300円で100株ほど買付けました。「見張り」とは、事前に、教育担当者に教えてもらっていた方法で、気になっている銘柄を最低単位だけ、買付けておくと、いざ、その銘柄が動きだしたときに、（ディーラーが常時目にしていて、瞬間ごとに更新される）「自分のもうけ」が動くことから、銘柄の動きに気づきやすくなるという方法でした。

　ただ、午前中は、何も起きませんでした。

　しかし、午後になって、12:50頃に、「自分のもうけ」が動いたことから、色々みてみると、沢井製薬（4555）が上昇してきていましたので、3,500円の手前くらいで1,000株程度を買い増しました。

　すると、その30分後の13:25頃までに、沢井製薬（4555）は「ストップ高」の3,800円まで上昇しました。

　私は、そのときは、日計り商いのみで、それ以上の値幅を狙えませんでしたので、すべて売却して、30万円を超えるもうけを確定させました。日計り商いだったら、まずまずのもうけで、悪くない感じです。

　取引終了後に、教育担当者に、取引についてみてもらって、
「今は、日計りだけだけど、ポジションを持つようになったら、こういうときは、半分だけ売って、半分は持ちにした方がいいよ。」
と教えてもらったことを覚えています。実は、ディーリングを始めて2週間で、「半分売り」のアドバイスをもらってたんですね。

　その後、沢井製薬（4555）の株価はさらに上昇し、2007年12月末には、4,800円くらいにまでなっていきました。

第5章
銘柄選びのポイント

5-1. 長期投資に向いた会社

　第3章の≪図表4≫のSTEP1にあるように、私は、銘柄選びにおいては、「事業内容」から将来の成長イメージが持てる会社を探して、財務諸表で「売上高推移」と「フリー・キャッシュ・フロー」をチェックしています。

　この章では、株式の長期投資に向いた会社がどのような会社なのかについて、理論面から説明していきたいと思います。

　そもそも、株式を買付けて、長期保有するにあたって、もっとも発生してほしくないことは、株式を買付けた会社が倒産してしまうことでしょう。

　会社が倒産してしまえば、ほとんどの場合は、株式が無価値になってしまい、その株式に投資した金額がパーになってしまうからです。

　ただ、一般的な個人が普通に買付けることができる株式は、証券取引所に上場している株式です。そのため、証券取引所に株式を上場している上場会社だから、倒産なんてそうそう発生するものではないと思っている人も多いことかと思います。

　確かに、上場会社は、証券取引所の審査をクリアして株式上場を実現しています。

　さらに、毎年、監査法人による会計監査というチェックを受け、財務諸表についてお墨付きをもらうことが義務付けら

れているため、上場していない会社と比べると、信頼性はかなり高いといえます。

　しかし、実際は、2020年に入って、現在までの間に、2社の上場会社が倒産しています。

　2011年以降でも、1桁台にとどまってはいますが、2014年と2016年を除き、何らかの上場会社が倒産しています。

　ほとんどの上場会社の株式が上場している、東京証券取引所の上場会社数は約3,700社くらいですので、微々たるものと思われるかもしれませんが、リーマンショックがあった2008年では33社、翌年の2009年で20社の上場会社が倒産していますし、2010年には、再上場する前の旧JAL（株式会社日本航空）が会社更生法の適用を申請して、倒産したことを記憶している人も多いでしょう。

　このように、倒産は、何らかの経済的なショックがあったり、経済全体が景気後退に陥ったりした場合には、有名な大企業も含めて、それなりに発生してしまう事象です。

　そのため、株式に長期投資をするにあたって、倒産しなさそうな会社を選ぶことが、まずは、重要です。

5-2. そもそも、いい会社とは何ぞや

　ただ、株式を買付けるにあたって、あえて、倒産しそうな会社を選ぶ人は、まず、いないでしょうから、倒産しなさそうな会社を選ぶことは、当たり前のことといえるでしょう。

　ここでは、倒産しなさそうな会社を選ぶために、何をみればいいのかについては後回しにして、長期投資に向いた会社がどのような会社なのかについて、さらに、考えていきます。

　それは、ズバリ、いい会社です。

「いい会社って、どんな会社だよ。」

というツッコミが入りそうですが、会社とは、どんなものなのか、というところから考えてみましょう。

　そもそも、会社というのは、大きくお金をもうけるために作られた資金調達の仕組みです。そして、その仕組みを活用するかたちで、お金をもうけるために設立されています。

　そのため、いい会社とは、大きくお金をもうけることのできる会社といえるでしょう。

　さらに、もうけるお金がどんどん大きくなっていき、それがずっと続いていくのが、いい会社です。

　以上、株式の長期投資に向いた会社が、どのような会社なのかについて、整理すると次のようになります。

・倒産しなさそうな会社
・もうけるお金がどんどん大きくなっていき、それがずっと
続いていく会社

　後者については、「どんどん大きく」なることが「続いて
いく」ことから、「成長性のある会社」といってもいいかも
しれません。

　当たり前のことすぎて、
「そんなこといわれなくても、わかってるよ！！」
というツッコミが入りそうですが、基本的なイメージは大事
です。

　株式投資のための銘柄選びをする際に、色々と考えすぎて、
迷ってしまうこともあるかもしれませんが、そのようなとき
は、このような基本的なイメージに立ち返ってみるといいで
しょう。

5-3.　フリー・キャッシュ・フロー

　それでは、倒産しなさそうな会社を選ぶために、何をみれ
ばいいのでしょうか（本当のところは、倒産しなさそうな会
社を選ぶためとうよりは、倒産する可能性が、他の上場会社
と比べて、高めの会社を選ばないためといった方が、より適
切な表現だと思います）。

　フリー・キャッシュ・フローという財務指標を、みればい
いです。

　私は、このフリー・キャッシュ・フローが赤字の会社につ

いては、原則としてですが、株式の買付けを控えています。

　「原則として」ですので、もちろん、「例外」はあります。「例外」については、後で、私の実際の買付けについて検証するときにフォローします。

「フリー・キャッシュ・フローって、そもそも何なの？」
という感じの人も多いと思われますので、まずは、できるだけ簡単に説明します。

　あくまで、私が、適切と思う定義ですが、フリー・キャッシュ・フローとは、会社が資金調達等をしなかった場合に、資金をどれだけ生み出したかを、あらわしている財務指標です。

　そして、倒産する可能性が、他の上場会社と比べて、高めの会社を選ばないために、どうして、フリー・キャッシュ・フローが赤字の会社を選ばないことが有効なのかについても説明します。

　そもそも、会社が倒産に至るのは、会社の資金が減っていって、事業継続に必要な資金が確保できなくなるためです。

　会社は、資金がないと人も雇えませんし、仕入れもできません。

　資金が足りなくなって、すぐの頃は、銀行から借り入れるなどして資金を調達することで、事業継続に必要な資金を確保できるかもしれません。

　しかし、さらに、それ以降も、資金が減り続けていけば、

いずれ銀行も、資金を貸してくれなくなってしまい、事業を継続することができなくなります。

　ここで、考えてみましょう。

　フリー・キャッシュ・フローが黒字（プラス）であれば、会社が資金調達なしで、資金を増やしたということですので、倒産の方向に進んでいないことになります。

　逆に、赤字（マイナス）であれば、会社は資金調達なしでは、資金を増やすことができずに、むしろ、減らしてしまったことですので、方向性としては、倒産の方向に進んでいっていることになります。

　この倒産の方向に進んでいっているというのが、フリー・キャッシュ・フローが赤字の会社を選ばない方がいいという理由です。

　中には、フリー・キャッシュ・フローどころか、営業活動によるキャッシュ・フローまで赤字（マイナス）の会社もあったりしますが、そのような会社の株式を買付けるのは、なおさらやめた方がいいです。

　いきなり、フリー・キャッシュ・フローについて定義して、一方的に、説明を続けてきましたので、ここからは背景となる知識を補足していきます。

　そもそも、上場会社が、公表することが義務付けられている財務諸表の中に、キャッシュ・フロー計算書というものがあります。

　もちろん、財務諸表の中で、もっとも有名なのは、PL と

略される損益計算書であり、BSと略される貸借対照表もよく知られています。

　ちなみに、損益計算書は、1期（通常は、1年間）の経営成績を示すもので、1期分の売上高や利益等が記載されており、貸借対照表には、ある期の末日時点における、会社の現金や預金等を含む資産や、借入金等の負債の残高、過去からの利益の累積額等が記載されています。

　キャッシュ・フロー計算書は、PLやBSほどは、知られていないのですが、ここからフリー・キャッシュ・フローが算出できます。

　キャッシュ・フロー計算書には、1期分の現金や預金等（会社によっては、BSの現金や預金等の定義と異なるケースがあります）の増減の内訳が、区分されて記載されており、抜粋すると、≪図表6≫のようになっています。

　営業活動によるキャッシュ・フローは、名目上は、会社の事業活動の成果としての資金の増減というような意味合いです。ただ、実際は、投資活動によるキャッシュ・フローと財務活動によるキャッシュ・フロー以外の資金の増減というのが、正確なところだったりします。

　通常は、黒字（プラス）です。赤字（マイナス、△の表示）というのは、事業活動の成果として、資金が減ってしまったということですので、かなりマズイ状態といえます。

　投資活動によるキャッシュ・フローは、読んで字のごとく、

図表6

キャッシュ・フロー計算書（抜粋）	
営業活動によるキャッシュ・フロー	
…(略)…	
売上債権の増減額	XXX
たな卸資産の増減額	XXX
…(略)…	
小計	XXX
…(略)…	
営業活動によるキャッシュ・フロー（合計）	＜A＞
投資活動によるキャッシュ・フロー	
定期預金の預入による支出	△XXX
定期預金の払戻による収入	XXX
有価証券の取得による支出	△XXX
有価証券の売却及び償還による収入	XXX
有形固定資産の取得による支出	△XXX
有形固定資産の売却による収入	XXX
無形固定資産の取得による支出	△XXX
…(略)…	
投資活動によるキャッシュ・フロー（合計）	＜B＞
財務活動によるキャッシュ・フロー	
短期借入金の純増減額	XXX
長期借入れによる収入	XXX
長期借入金の返済による支出	△XXX
社債の発行による収入	XXX
社債の償還による支出	△XXX
…(略)…	
財務活動によるキャッシュ・フロー（合計）	＜C＞
現金及び現金同等物に係る換算差額	＜D＞
現金及び現金同等物の増減額	＜E＞
現金及び現金同等物の期首残高	＜F＞
現金及び現金同等物の期末残高	＜G＞

会社が投資したり、そこから回収したりした結果としての資金の増減というような意味合いです。

　設備投資をしたら、資金が減るので、通常は、赤字（マイ

ナス、△の表示）です。

　財務活動によるキャッシュ・フローは、会社が資金調達や
その返済等をした結果としての資金の増減というような意味
合いです。

　例えば、銀行から借り入れができたら、その分、資金が増
えるので、黒字（プラス）、それを返済したら、資金が減るので、
赤字（マイナス、△の表示）といった感じです。

　そして、フリー・キャッシュ・フローは、以下の式で、算
出します。

フリー・キャッシュ・フロー＝営業活動によるキャッシュ・
フロー（合計）＜Ａ＞＋投資活動によるキャッシュ・フロー
（合計）＜Ｂ＞

　以上が、フリー・キャッシュ・フローを把握するために、
最低限必要なキャッシュ・フロー計算書についての知識です。

　これ以上は、ここでは詳しくなりすぎてしまう一方で、ま
だ、説明しきれていないこともありますので、この章の末尾
でフォローしていきたいと思います。

5-4.　売上高推移

　もうけるお金がどんどん大きくなっていき、それがずっと
続いていく会社、すなわち、「成長性のある会社」を選ぶた
めには、何をみればいいのでしょうか。

　ズバリ、売上高をみればいいでしょう。

　売上高は、会社が販売しているモノやサービスの対価の金額の、例えば、1期1年間などの一定期間における蓄積として、PL（損益計算書）に記載されている項目です。

　会社によっては、売上高という名称ではなくて、収益や、営業収益、経常収益という名称を使用している会社もあり、銀行や証券会社等の金融機関、商社なんかで、使用している会社が多いです。

　売上高は、≪図表7≫をみてもらえばわかるとおり、PL（損益計算書）の一番上にあります。

　ここで、ついでにPLの他の項目についても、いくつか説明しておきましょう。

　営業利益は、会社の本業である事業によって獲得した利益

図表7

損益計算書（抜粋）

売上高	＜H＞
売上原価	＜I＞
売上総利益	＜J＞
販売費及び一般管理費	＜K＞
営業利益	＜L＞
…（略）…	
経常利益	＜M＞
…（略）…	
当期純利益	＜N＞
（内訳）	
親会社株主に帰属する当期純利益	＜O＞
非支配株主に帰属する当期純利益	＜P＞

といった定義づけをされることが多いです。

　経常利益は、営業利益に加えて、会社の本業以外の活動による収益や費用までは含めますが（主に、銀行借り入れ等の資金調達活動によって発生する支払利息など）、めったに発生しないような異常な要因による利得や損失は含めていない利益ということができます。

　「経常」というワードは、例えば、1期1年間などの一定期間に、普通の状態であれば、このくらいの利益があがるといった意味合いで使用されています。

　さらに、経常利益に、めったに発生しないような異常な要因による利得や損失まで含めたうえで、法人税等の利益に対して課税される税金の計算まで反映させたものが、当期純利益となります。

　当期純利益は、本業の利益から、借り入れをしている金融機関等への利払いをし、税金の支払いをした後の、最終的に株主に帰属する利益といわれることもあります。

　実際に、上場会社が公表しているPLをみるときのために補足しておきますと、当期純利益は、親会社株主に帰属する当期純利益と非支配株主に帰属する当期純利益との合計であり、最終的に株主に帰属する利益というのは、親会社株主に帰属する当期純利益の方のみであるということが、注意点だったりします。

　ここで、非支配株主というのは、上場会社が子会社を支配しているものの（たいていの場合においては、株式の50％超を保有している状況）、100％の株式を保有しているわけで

はないケースにおける、上場会社以外の株主のことです。

　このようなケースでは、当該子会社の稼いだ利益のうち、上場会社以外の株主に帰属する利益を区別して、上場会社に帰属する利益を明確にしておく必要がありますので、親会社（＝上場会社）株主に帰属する当期純利益と、非支配株主に帰属する当期純利益とを、区分して集計しているのです。

　話をもとに戻しましょう。

　「成長性のある会社」を選ぶために、何をみればいいのかですが、売上高をみて、その推移が、年々、大きくなってきている会社を選ぶのがいいと思います。

　これに対して、むしろ、営業利益や経常利益をみて、それらが大きくなってきている会社を選んだ方がいいと思う人もいるかもしれません。

　確かに、営業利益や経常利益が、大きくなってきているのは、会社にとって望ましい状況です。しかし、私は、営業利益や経常利益よりも、売上高が大きくなってきているかどうかの方が、より重要であると考えています。

　というのは、売上高は、一定期間における、会社が販売しているモノやサービスの対価の蓄積そのものであり、売上高が大きくなってきているということは、その会社の提供するモノやサービスが、他のモノやサービスと比べて、優れていて、社会に受け入れられているということの証明になっていると考えられるためです。

　つまり、売上高が大きくなってきているということ、それ

自体が、その会社の事業がうまくいっていることの証明になっていると考えられるのです。

　ただし、だからといって、これは、売上高だけをみて、営業利益や経常利益は無視した方がいいということではありません。

　株式投資、とくに、長期投資においては、営業利益や経常利益よりも、売上高の方を、より重要視すべきであるということです。

　もっとも、営業利益や、経常利益は、非常に目立つ項目であり、また、売上高が大きくなっているかをみるに際しても、自然に目に入ってくるでしょうから、あえて意識的に無視したとしても、無視しきれないとは思います。

　そこで、売上高が大きくなっているにもかかわらず、営業利益や経常利益が小さくなっているようなケースも、当然、でてくるのですが、そんなに多くあるケースではありませんので、そのようなケースに遭遇した場合は、その原因について、しっかりと調べておいた方がいいでしょう。

　私が株式を保有している会社でも、将来の販売増を目論んで、テレビCMを流した結果、売上高は増加したものの、広告宣伝費がかさんでしまい、営業利益を減少させるケースがありました。もちろん、株価は下落していきました。

5-5. 事業内容から将来の 成長をイメージできるか

　「成長性のある会社」を選ぶために、売上高の推移をみればいいと述べました。

　ただし、そもそも、財務諸表は、あくまで過去の実績をまとめたものですので、過去の売上高推移が、毎年、増加傾向であったとしても、それが将来まで続くかどうかまではわかりません。

　確かに、過去の売上高推移が減少傾向にあるような会社と比べれば、増加傾向にある会社の方が、将来も増加傾向が続く可能性が高そうです。

　そういった意味では、将来を予想するのに役立つ情報ではありますが、それだけで、「成長性のある会社」なのかどうかを判断することは難しいでしょう。

　また、上場会社は、現在進行している通期（ほとんどの場合、1年間）について、会社が予想する、売上高や営業利益等の数値を公表していたりします。

　業績予想というのですが、第3章でも取り上げた、四半期（3か月）に1回、公表される「決算短信」に記載されています。

　ただ、それでも、最大で、せいぜい1年くらい先の将来ですし、あくまで、会社の予想にすぎませんので、「成長性のある会社」なのかどうかを判断するのに役立ちますが、十分

とまではいえないでしょう。

　それでは、今度は、何に注目すればいいのでしょうか。

　私は、会社がどんな事業を営んでいるのか、会社の事業内容に注目しています。

　そして、その会社の事業に、将来も成長し続けていくイメージが持てるかどうかについて、検討しています。

　そして、検討の結果として、最終的に、将来の成長イメージを持つことができた会社については、株式を買付ける会社の候補として、過去の売上高推移や、直近のフリー・キャッシュ・フローなどを、チェックしてきました。

　結局、イメージが持てるかどうかという、個人の主観的な判断に委ねられることとなり、極めて不確実ですし、また、誰が選んでも同じというわけにはなりえません。むしろ、十人十色の結果になるでしょう。

　確かに、このあたりの判断には、センスが問われる部分があると思いますし、経験がものをいう部分も大きいように感じます。

　ただ、「継続は力なり」というように、時間と努力が必要になるかとは思いますが、このあたりの判断力を磨くことはできると考えています。

　そのための、情報源と、判断のための土台作りについては、次章で紹介していくつもりです。

5-6. [参考]キャッシュ・フロー 計算書に関する補足

　ここでは、キャッシュ・フロー計算書に関して、私が、適切だと思う、フリー・キャッシュ・フローの定義についてと、その他のキャッシュ・フロー計算書の注意点について、補足していきます。

　最初に、フリー・キャッシュ・フローの定義についてです。

　前提として、もう少し、キャッシュ・フロー計算書のことを知る必要がありますので、再度、≪図表6≫をみてください。

　まず、キャッシュ・フロー計算書全体では、以下のふたつの式が成立します。

営業活動によるキャッシュ・フロー（合計）＜Ａ＞＋投資活動によるキャッシュ・フロー（合計）＜Ｂ＞＋財務活動によるキャッシュ・フロー（合計）＜Ｃ＞＋現金及び現金同等物に係る換算差額＜Ｄ＞＝現金及び現金同等物の増減額＜Ｅ＞

現金及び現金同等物の増減額＜Ｅ＞＋現金及び現金同等物の期首残高＜Ｆ＞＝現金及び現金同等物の期末残高＜Ｇ＞

　ここで、現金及び現金同等物という用語が使われているの

は、会社によっては、BSの現金及び預金と、キャッシュ・フロー計算書の現金及び現金同等物とで、その対象範囲が異なるケースがあるためです。

　現金同等物として、区分されるものとしては、3か月以内の短期投資である定期預金があります。そのため、≪図表6≫の投資活動によるキャッシュ・フローにおける「定期預金」というのは、3か月超の定期預金ということになります。

　はっきりいって、会計基準上の、かなり細かい定義の話なので、普通の人は気にしなくても大丈夫です。

　また、現金及び現金同等物に係る換算差額というのは、色々なケースが考えられるのですが、例えば、会社が外国の通貨で預金などを持っている場合に、期首と期末で、外国通貨ベースで同額の預金を持っていたとしても、期首と期末で、為替レートが違っていたら差額が生じてしまいますので、そういった差額を調整するための項目と考えてください。

　あまり、実質的な問題ではないので、普通の人は、そこまで気にしなくてもいいように思います。以降では、単純化のために省略していきます。

　現金及び現金同等物に係る換算差額を省略（＜D＞＝0）すると、ひとつ目の式は、次のようになります。

営業活動によるキャッシュ・フロー（合計）＜A＞＋投資活動によるキャッシュ・フロー（合計）＜B＞＋財務活動

によるキャッシュ・フロー（合計）＜Ｃ＞＝現金及び現金
同等物の増減額＜Ｅ＞

　ここから、さらに、式を展開して、左辺から、「財務活動
によるキャッシュ・フロー（合計）＜Ｃ＞」を右辺にもっ
てくると、次の式になります。

営業活動によるキャッシュ・フロー（合計）＜Ａ＞＋投資
活動によるキャッシュ・フロー（合計）＜Ｂ＞＝現金及び
現金同等物の増減額＜Ｅ＞－財務活動によるキャッシュ・
フロー（合計）＜Ｃ＞

　左辺を、よくみてください。
　これは、すでに説明したフリー・キャッシュ・フローを算
出するための式です。
　そして、右辺の意味を考えてみると、会社の資金の増減全
体から、資金調達等の結果としての資金の増減の影響を除い
た、資金の増減ということができるでしょう。
　以上が、会社が資金調達等をしなかった場合に、資金をど
れだけ生み出したかを、あらわしている財務指標という、フ
リー・キャッシュ・フローの定義を、私が適切だと考えてい
る理由です。

　ちなみに、フリー・キャッシュ・フローは、一般的には、
会社が自由に使える資金を、どれだけ生み出したかをあらわ

すものとして定義されることが多いようです。

　会社が事業活動の成果として獲得した資金から、会社が（必要不可欠なものとして）投資に回した資金を、差し引いた結果がプラスであれば、そのプラス分だけ、会社が自由に使用できる資金があると、考えているように思います。

　次に、キャッシュ・フロー計算書の注意点について、補足していきます。

　ただ、細かいだけでなく、非常に技術的な話になりますので、普通の人は知らなくても、まったく問題ありません。

　営業活動によるキャッシュ・フローの注意点は、普通の人が、その内訳の各項目をみてもよくわからないということです。

　実際に、上場会社が公表しているキャッシュ・フロー計算書をみてもらうといいでしょう。

　営業活動によるキャッシュ・フローには、とにかく項目がたくさんあって、しかもそれが一体何を意味しているのか、よくわからないのではないでしょうか。

　キャッシュ・フロー計算書は、ほとんどの上場会社が、間接法という作成方法を用いて作成しています。そして、実は、その間接法による作成の過程における、技術的な操作の結果、様々な項目が出てきているだけなのです。

　そのため、キャッシュ・フロー計算書を作成したことのある人は、作成の過程で、ある程度は、様々な項目の意味合い

を理解できていると思いますが、作成の際の技術的な操作を
したことのない、普通の人がよくわからないのは、当たり前
のことだと思います。

普通の人は営業活動によるキャッシュ・フローについては
名目上の意味合いと、実質的には投資活動によるキャッシュ・
フローと財務活動によるキャッシュ・フロー以外の資金の増
減のことなのだ、ということを押さえておけば十分です。

この他、営業活動によるキャッシュ・フローの注意点には、
名目上の意味合いである、会社の事業活動の成果としての資
金の増減以外の、資金の増減が含まれているということがあ
ります。

≪図表6≫でいくと、「小計」までは、会社の事業活動の
成果としての資金の増減ですが、「小計」より下の項目は、
それ以外の資金の増減となります。

それゆえ、営業活動によるキャッシュ・フローは、実質的
には、投資活動によるキャッシュ・フローと財務活動による
キャッシュ・フロー以外の資金の増減、というのが正確なと
ころなのです。

投資活動によるキャッシュ・フローの注意点のひとつは、
≪図表6≫にあるとおり、定期預金の預入や有価証券の取得、
それらからの回収が含まれているということです。

このあたりは、人によっては財務活動のように考える人も
多いだろうと思われ、一般的ではないのでは、と少し疑問を
感じる部分があります。

もうひとつの注意点は、一般的には、会社が投資するといった場合は、例えば、製造業などでは、新しい設備を導入するとか、工場を作るといったことを、思い浮かべる人が多いような気がしますが（それは、当然、有形固定資産の取得による支出に含まれます）、その投資の結果、製品を生産して、商品を販売した成果としての資金の増減は、営業活動によるキャッシュ・フローの方に含まれるということです。

　個人的には、このような切り分けでの、投資活動によるキャッシュ・フローと営業活動によるキャッシュ・フローとの区分は適切だと思っています。

　やはりというか、むしろ、定期預金の預入や有価証券の取得、それらからの回収が、投資活動によるキャッシュ・フローに含まれている方に違和感も持っています。

　財務活動によるキャッシュ・フローに関しては、大きな注意点はありませんが、前述のとおり、人によっては、定期預金の預入や有価証券の取得、それらからの回収は、財務活動の方ではと思われる人もいるだろうということに加え、実は、借入金に対する利払い等の支払利息については、会計基準において、財務活動によるキャッシュ・フローの方に含めてもいいし、営業活動によるキャッシュ・フローの方に含めてもいいという、選択可能な規定となっているということがあります。

5-7.　［参考］損益計算書に関する補足

　続いて、折角ですので、損益計算書、いわゆる PL に関しても補足しておきます。

　再度、≪図表7≫をみてください。
　PL では、以下の式が成り立っています。

売上高＜Ｈ＞－売上原価＜Ｉ＞＝売上総利益＜Ｊ＞

売上総利益＜Ｊ＞－販売費及び一般管理費＜Ｋ＞
　　　　　　　　　　　　　＝営業利益＜Ｌ＞

当期純利益＜Ｎ＞＝親会社株主に帰属する当期純利益＜Ｏ
＞＋非支配株主に帰属する当期純利益＜Ｐ＞

　売上原価は、会社が販売したモノやサービスを用意するために直接かかった費用のことで、販売されたモノやサービスを仕入れた費用であったり、製造するためにかかった費用であったりするものです。
　売上総利益は、式そのままで、販売されたモノやサービスのみから獲得された利益という意味合いで、粗利（あらり）と呼ばれることも多いです。

販売費及び一般管理費は、会社の本業である事業にかかった費用のうち、売上原価を除いた費用といえます。販管費（はんかんひ）と略されることが多いです。

　イメージ的には、広告宣伝などの販売活動に伴う費用や、会社の本社機能に伴う費用、例えば、本社の家賃なんかが該当します。

　ただ、実は、売上原価と、販売費及び一般管理費とで、どちらの費用にするかの区分は、会社によって異なるケースがあり、そのため、会社同士の安易な単純比較は、やめておいた方が無難だったりするという、悩ましい現実があります。

　例えば、会社や事業の利幅が、どのくらいあるのかを把握するために、売上総利益を売上高で割って、百分率（％）で示した、売上高総利益率という財務指標（粗利率ともいいます）をよく用いますが、同業種であっても、別の会社であったなら、売上原価と、販売費及び一般管理費との区分方法が異なることがありえます。売上原価の範囲が別々の会社同士で異なるのであれば、売上総利益も、売上高総利益率も、別物となってしまいます。このような場合は、会社同士を比較しても、意味がありません。

◆ Episode 5. ◆　天才たる所以

　本文の第 4 章でも述べたのですが、私の教育担当者は、ディーリングの天才でした。今回は、教育担当者のどこがすごかったのかについて、取り上げてみましょう。

　日計り商いにも、やり方は、色々あるのですが、教育担当者や私は、日計り商いでも、ある程度以上の値幅を狙うスタイルで、株価が上昇トレンドにある株式銘柄を買付けて、30 分とか、1 時間、ときには、ほぼ 1 日をかけて、値幅を取っていました。

　私は、半年くらいで、日計り商いで、安定したもうけをだせるようになっていたのですが、私がいた証券会社で生き残れるほどの大もうけまではできないレベルでした。

　一方で、おそらくですが、教育担当者なら、日計り商いだけでも、私がいた証券会社で生き残れるほどの大もうけをだし続けることができただろうと思います。

　それでは、教育担当者のどこがすごかったのか。

　それは、ある株式銘柄が急騰した場合に、連想される、関連銘柄への横への展開力と、そのスピードだったと思います。

　例えば、銀行株が急騰している場合に、私が、三菱 UFJFG（8306）、三井住友 FG（8316）、みずほ FG（8411）までしか取引していないのに対して、教育担当者は、さらに、りそな HD（8308）、新生銀行（8303）などに加えて、地方銀行の静岡銀行（8355）あたりから山陰合同銀行（8381）くらいまで、取引をひろげていたりしていました。

　ときには、私が、中心銘柄含めて 3 銘柄ほどを取引しているそばで、教育担当者は 15 銘柄くらいまで取引を拡大させていたこ

ともありました。もちろん、それらすべてが、大幅に上昇しているような状況のときにです。

　それだけでも、もうける力が、私の5倍以上はあることになるでしょう。

　ただ、教育担当者の展開力を実現するためには、ある意味、人間離れした、尋常ならざるスピードが必要です。

　このあたりが、とてもじゃないですが、私がマネすることができなかった教育担当者の強みでした。

第6章
銘柄選びの実践

6-1.　成長モデル

　第5章では、長期投資に向いた会社について、次のように
整理しました。
・**倒産しなさそうな会社**
・**もうけるお金がどんどん大きくなっていき、それがずっと
続いていく会社**

　そして、そのような基本的なイメージをもとに、私は、会
社の事業内容から将来の成長イメージを持つことができるか
検討し、将来の成長イメージを持つことができた会社につい
ては、さらに、財務諸表で、過去の売上高推移や、直近のフ
リー・キャッシュ・フローなどを、チェックするようにして
きたと述べました。

　この章では、会社の事業内容から将来の成長イメージを持
つことができるか検討するにあたり、必要となる、判断基準
というか、判断のための土台作りに役立つ情報源として、「日
本経済新聞の1面と3面」を取り上げます。

　ついで、事業内容から株式を買付ける会社の候補をみつけ
る情報源として、「日本経済新聞の投資情報」と「東京証券
取引所の新規上場会社情報」について説明していきます。

　そのうえで、過去の売上高推移や、直近のフリー・キャッ
シュ・フローをチェックするための、具体的な情報の確認方
法として、「EDINET」の利用方法について紹介します。

　それらの理解をよりよくするためのヒントとして、ここで、会社や事業の成長モデルについて説明するとともに、本題に入る前の事前準備として、次節で、「日本経済新聞の読み方」についてフォローしていきたいと思います。

　前置きが長くなりましたが、まずは、会社や事業の成長モデルについてです。

　「成長性のある会社」であるかどうかの判断や、将来の成長イメージを持てるか、検討するにあたり、ヒントになるかと思いますので、会社や事業の成長モデルについて、代表的なふたつのモデルケースを示しておきたいと思います。

　ひとつは、会社の事業が属する市場や業界自体が大きく成長していき、その市場や業界に属しているがゆえに、会社の事業も自然に大きく成長していくといったモデルです。

　もうひとつは、会社の事業に競争相手がおらず、価格競争などが発生しないことから、会社の事業が順調に成長していくといったモデルです。

　後者のモデルには、色々なケースが考えられます。

　例えば、国の規制によって会社が市場の「独占」または「寡占」を実現していたり、会社が「ニッチ」な市場を新たに生みだすような事業展開に成功していたり、会社が「特許」や特別な「ノウハウ」を持っていたり、会社が「先行者メリット」の大きな市場で圧倒的な「シェア」を獲得していたり、などです。

将来の成長イメージを持つことができるか検討するにあたっては、会社の事業内容だけを知ればいいだけではなく、後者のモデルのような、色々なケースを知っていたり、前者のモデルにおける、会社の事業が属する市場や業界自体の動向を把握していたりするなど、検討するためのバックグラウンドとして、判断基準というか、判断のための土台を、自分の中に蓄積しておく必要があります。

そういった、判断のための土台作りにとって、私は、「日本経済新聞の1面と3面」が役立つと考えています。

6-2. 私の日本経済新聞の読み方

次に、日本経済新聞を読んだことがないという人もいるかもしれませんので、その読み方に関して、私の読み方や、参考になりそうな情報をフォローしておきます。

≪図表8≫は、通常の火曜日から金曜日までの、日本経済新聞の大まかな構成となっています。土曜日は、一部異なる部分がありますが、途中まではだいたい同じ感じです。実物をみてもらえばすぐわかると思いますが、日曜日と月曜日は、まったくの別物だったりします。

≪図表8≫で、抜粋して、記載されている紙面については、私が実際に目を通している紙面です。

どのような感じで、目を通しているのかというと、ざっと

図表8

火曜日から金曜日までの日本経済新聞の構成（抜粋）

```
1面
2面       総合1
3面       総合2
4面       政治
5面       経済
…
7面       金融経済
8面       国際・アジアBiz
9面       国際
…
          企業1
          企業2
          投資情報
          マーケット総合1
          マーケット総合2
          マーケット商品
…
…
          社会
…
```

紙面全体を見渡して、記事の見出しをチェックしていき、気になった記事だけ、記事の全文を読んでいっているという感じです。

　ほとんど記事の見出しをみているだけで、記事の全文を読むような記事がなければ、ひとつの紙面にかかる時間は、おそらく、30秒もかかってはいないように思います。

　朝刊の紙面のすべてに目を通すのにかかる時間は、全文を読んだ記事がどれだけあったかにもよりますが、短いときは20分かからないくらいです。一方、長くなってしまうと、1時間近く読んでいるようなこともあります。

2000年の、証券会社に新入社員として入社する前後の話ですが、証券会社の社内研修として、新入社員向けに、日本経済新聞社の社員の方を講師として招き、日本経済新聞の読み方についての研修を実施してもらったことがあります。

　記憶が定かではありませんが、記事の見出しだけをチェックしていくという、読み方は、おそらく、その研修で教えてもらったものだと思います。

　講師の方が教えてくれたことで、今でも印象に残っていることは、日本経済新聞は、電車通勤で立ちながら読むビジネスマンや証券マンが、重要な情報を仕入れやすくするように紙面の構成を編集していて、1面、3面といった、（偶数面ではない）奇数面の方に、重要な情報が配置されているということです。

　私は、今でも、忙しいときは奇数面だけしかチェックしなかったりしています。

　あと、マーケット商品の紙面は、株式取引に長けた優秀な証券マンなんかが、注目している紙面であると紹介されていました。

　私も触発されて、新入社員当時から、必ず目を通すようにしていたりします。

　イメージとしては、鉄とか、液晶パネルとか、半導体とかの価格変動に関する記事や、価格のデータが載っていて、鉄を製造する会社、液晶パネルを製造する会社、半導体やその製造装置を製造する会社の事業が、今後どうなるのかについ

ての判断材料になりえるという感じです。

　この他、パート・アルバイトの時給の上げ下げに関する記事や、IT エンジニア職や、経理財務職などの求人に対する応募者の割合が少なくて、採用条件が改善しているとかの記事が載っていたりで、なかなか興味深かったりします。

　この他、私が重要だと思っているのは、最終面からみて、後ろから2ページ目と、3ページ目にあたる社会面です。

　社会面には、かなり重要な記事が載ることがありますので、要チェックです。

　そういうことが発生したら、ではありますが、会社が虚偽の決算を発表した場合の粉飾決算の記事や、法令違反を伴う企業不祥事の記事などが載ることがあります。

　もし、株式を保有している会社で、そのような記事が載ってしまったら、株価が「ストップ安」するなど、大幅に下落することになりますので、社会面のチェックは忘れずにしていた方がいいと思います。

　また、会社が税務当局と、税務判断を争った場合の裁判の経過や最高裁判決、その他、労働事案に関する裁判の経過や最高裁判決等に関する記事も載ることがあります。

　以上、日本経済新聞の読み方についてのフォローでした。

6-3. 日本経済新聞の
1面と3面

　ここでは、会社の事業内容から将来の成長イメージを持つことができるか検討するにあたって、必要となる、判断基準というか、判断のための土台作りのために、「日本経済新聞の1面と3面」のどのような情報を参考にすればいいのかについて考えていきます。

　日本経済新聞では、その日のトップニュースや、メインテーマを、1面や3面で取り上げています。

　1面や3面では、有事のニュースや、社会の大注目ニュース、株式相場全体が大暴落している最中の状況などなど、その時々の様々な記事が載っています。

　そのようなビッグニュースが大事なのは間違いありません。

　しかし、会社の事業内容から将来の成長イメージを持つことができるかどうかの、判断の土台作りに役立つような情報は、そのようなビッグニュースというよりは、ビッグニュースがないときに掲載されるような記事です。

　どのような記事かというと、「世の中の動きと関連づけた、とある産業の業界動向」についてまとめた記事や、「政府の政策と、関連する業界への影響」についてまとめた記事などです。

　わかりやすい例でいうと、アップル（AAPL）のiPhone

の新製品に関する情報とあわせて、iPhone向けに、電子部品等を納入している複数の会社について、一覧表つきで、将来の受注増が期待できるとするような内容の記事などです。

　参考までに、会社を例示しておくと、iPhone向けの一覧表に載るのは、村田製作所（6981）、TDK（6762）、アルプスアルパイン（6770）、京セラ（6971）といった電子部品大手の会社の面々になってくるでしょうか。

　このような記事がでてきますと、もちろん、それらの会社の株価が急騰することが多いです。

　ただ、その動きにあわせて、すぐに自分も株式を買付けにいくというよりは、（その記事がでたときから）将来にわたって、iPhone向けに、電子部品等を納入している会社の事業が好調となり、業績が向上していくだろうという見込みを、自分の中に落としこんでおくというのが、会社の事業内容から将来の成長イメージを持てるかどうかの、判断の土台作りのために必要な作業だと思っています。

　そのようにして、自分の中に落としこんでおいた、様々な業界の動向についての情報（とそれを自分なりに編集した見解）をもとに、色々な会社の事業内容や、決算発表の内容から、それらの会社が、将来にわたって成長していけるのか判断していく感じです。

　iPhoneの新製品のケースに関しては、この章の冒頭で述べた、会社の事業が属する市場や業界自体が大きく成長していき、その市場や業界に属しているがゆえに、会社の事業も自然に大きく成長していくといったモデルに該当するといえ

るでしょう。

　また、とくに、ここ最近（現在は、2020年9月に菅政権が発足して、1か月後の10月）、コロナウィルスの感染拡大に伴って、我が国のデジタル化が、他の国と比べて大きく遅れていることが強く意識されたこともあり、政府が、行政改革、規制改革に向けた強いメッセージをだしています。

　今後、そのような政策が展開されていくのであれば、関連する業界にとっては追い風になり、やはり、そのような業界に属する事業を営んでいる会社の業績は向上していくだろうな、ということになります。

　このような政策に関する記事も、日本経済新聞の1面を飾ることが多いテーマです。

　ここで、銘柄選びのヒントにもなると思いますので、私が、「日本経済新聞の1面と3面」などから蓄積した、判断のための土台から、現時点での、株式投資に関する有力テーマのキーワードをいくつか紹介しておきましょう。

　まずは、「DX」です。

　「DX」とは、デジタルトランスフォーメーションの略で、「IT を取り入れて、人々の生活をあらゆる面でより良い方向に変化させる」というような概念です。

　会社であったら、何らかの IT システムを導入して、社員の手間を減らして効率化し、人件費の削減や、社員の満足度を向上させたりできるかもしれません。政府と国民の関係でみれば、行政手続きの重複や無駄を減らして効率化する IT

システムを導入することで、行政コストの削減や、国民の行政手続きに対する煩雑さによる不満を解消できるかもしれません。

コロナウィルスの感染拡大に対して、他の国と比較して、我が国の政策対応が遅かったことを反省材料として、これから、政府としても、このような「DX」の分野に力をいれていく方向になっているようです。

次に、「再生可能エネルギー」があります。

このテーマは、地球温暖化問題があって、ずっと注目されてきたテーマですが、菅政権発足後に、複数の閣僚から、政府として力を入れていく旨の発言が続き、さらに、10月に入って、政府が温暖化ガスの排出量を2050年に実質ゼロにする目標を掲げ、菅首相が、首相就任後初の所信表明演説で方針を示したことなどもあり、あらためて、その進展への期待がされています。

この他、「クラウド(サービス)」や「サイバーセキュリティ」、さらには「EC」や「ITプラットフォーム」なんかも、引続き、有望なテーマのキーワードであり続けるように考えています。

以上が、現時点で、私が考える、株式投資に関する有力テーマのキーワードですが、「日本経済新聞の1面と3面」を毎日チェックするなどして、自分なりに、会社の事業内容から将来の成長イメージを持てるかどうかの、判断の土台作りをする中で、有望な投資テーマをみつけたりできるようになってもらえればと思います。

6-4. 日本経済新聞の 投資情報

　ここからは、株式を買付ける会社の候補それ自体を探すための、情報源として、「日本経済新聞の投資情報」と「東京証券取引所の新規上場会社情報」について説明していきます。

　まずは、「日本経済新聞の投資情報」の紙面です。

　日本経済新聞は、だいたい40面くらいまでありますが、その中ごろ手前のくらいに、投資情報の紙面はあります。

　メインの内容は、上場会社の決算発表の情報やデータ、それらに関する記事です。

　日本の会社は、3月決算の会社が多く、上場会社は、証券取引所の規則で、決算日終了後45日以内の決算発表が義務付けられているうえ、3か月に一度、四半期ごとに決算発表をしなければなりません。

　そして、3月の期末決算であれば、4月の下旬に決算発表集中日のひとつのヤマがあり、また、5月の10日前後から15日までにかけても、決算発表が多かったりする感じです。

　9月の第2四半期決算でも、10月の下旬にヤマがあり、11月の10日前後から15日までにかけて、決算発表が多くなっています。

　そして、そのように多くの会社の決算発表が集中した日の翌日は、投資情報の紙面は、3面から4面分くらいまで、拡大されることになります。

さらに、多くの会社の決算発表が集中した日の、翌日に多いのですが、有名企業等の決算発表が想定外で、その決算発表自体の影響度が大きな場合などは、それだけで、1面や3面で記事として取り上げられることもありますし、金融経済の紙面に金融機関の決算発表の記事が掲載されたり、企業の紙面に事業会社の決算発表の記事が掲載されたりするようなケースもあります。

ちなみに、上場会社の決算発表がほとんどない日などは、投資情報の紙面に、決算発表以外の、上場会社の債券発行に関する情報や、コーポレートガバナンスに関する情報についての記事など、決算発表以外の記事も載っていたりします。

私の、株式を買付ける会社の候補それ自体を探すための情報源のひとつは、「日本経済新聞の投資情報」に掲載される、上場会社の決算発表に関する記事です。

そのため、私は、決算発表に関する記事については、すべて読むようにしています。

「日本経済新聞の読み方」のところで、1時間近くかけて、日本経済新聞を読むこともあると述べましたが、それは決算発表集中日の翌日に、決算発表に関する記事のすべてを読んでいるためです。

決算発表に関する記事のオーソドックスなパターンは、該当の会社がどんな事業をやっているのか概略にふれ、売上高と、営業利益か、経常利益か、当期純利益かのいずれかについて、前年と比べて、増えたか減ったかの比較を含めて、実

績値を示し、増えたか減ったかの要因についても簡単に説明しているというものです。

ちなみに、売上高が前年と比べて、増加している場合を「増収」といい、減少している場合を「減収」といいます。

営業利益等の各種利益については、増加している場合を「増益」、減少している場合を「減益」といいます。

もちろん、紙面のスペース上、小さくしか取り上げられない会社では、当期純利益についてしか示されないこともありますし、有名企業で、注目されている会社の場合は、スペースも大きく、その会社の事業部門の動向まで、詳しく説明されているようなこともあります。

あと、念のためですが、すべての上場会社の決算発表が記事になるわけではありません。決算発表が記事にならない会社もあります。というよりは、決算発表集中日の翌日なんかは、記事にならない会社の方が圧倒的に多いです。

また、ときには、決算発表に関する記事の中で、次の決算の、売上高や、営業利益か、経常利益か、当期純利益かのいずれかについて、会社の予想の数字まで、示されるようなケースもあります。

加えて、会社が、事業の進捗度合が当初の想定外で、次の決算の売上高等の予想の数字を修正するようなことがあり、そのような業績予想を修正する場合の発表についても、記事になったりします。事業の進捗が想定以上に好調で、当初予想を上回る場合を上方修正、逆に、事業の進捗が低調で、当初予想を下回る場合を下方修正といいます。

　さらに、会社が決算発表をする前の段階で、日本経済新聞社が、会社の決算発表について、独自に調査した数値で記事にしてしまうことまであります。このような記事を観測記事といい、文末が「ようだ」で締められているような記事が観測記事だったりします。

　私が、決算発表に関する記事の中で、もっとも重要視しているのは、売上高や各種利益が増えたか減ったかの要因です。
　その次が、売上高が増えているかどうかです。
　どうして、売上高や各種利益が増えたか減ったかどうかの事実自体よりも、その要因の方が重要なのかというと、私は、「将来の成長イメージ」が持てるかどうかで、株式を買付ける会社の候補にするかを判断していることから、売上高や各種利益が増えたという事実よりも、売上高や各種利益が増えた要因が、決算発表以降の「将来にわたって、継続していくのか」どうか、ということの方が重要だからです。
　なお、そのような好調な要因がすっと続いていくようなものかどうかを判断するためにも、あらかじめ、「日本経済新聞の1面と3面」を毎日チェックするなどして、会社の事業内容から将来の成長イメージを持てるかどうかの、判断の土台作りをしておくことが有効です。
　さらに、売上高や各種利益が増えたか減ったかの要因を押さえておくことは、株式を買付ける会社の候補を選別するためだけではなく、会社の事業内容から将来の成長イメージを持てるかどうかの、判断の土台作りにも役立ちます。

ある業界に属している複数の会社の決算発表の内容が悪く、それらの要因が似たようなものであれば、その業界は、同じような要因で下向きになっているという知見が得られますし、その要因が将来解消できそうにないものなのかについて、自分なりの見解を持つことができるかもしれません。

　また、決算発表に関する記事には、例えば、外食業界大手や、電子部品業界大手など、業界に属している複数の会社をひとまとめにして、表を用いたり、比較や、要因分析をしたりして、業界全体を概観できるようなパターンの記事があります。

　「日本経済新聞の投資情報」には、そういったパターンの記事も多くあり、そういったパターンの記事を読むことによって、比較的、容易に、直近の業界の動向についての、バックグラウンド的な知見を高めることができると思います。

6-5. 東京証券取引所の 新規上場会社情報

　株式を買付ける会社の候補それ自体を探すための、次の情報源は、「東京証券取引所の新規上場会社情報」です。

　東京証券取引所のホームページで、公開されている情報がありますので、最初に、そちらの利用方法等について紹介していきます。

　インターネットで、「新規上場会社情報」と検索すると、「新規上場会社情報｜日本取引所グループ」というサイトが検索結果としてかえってきますので、そのサイトに入ってください。

　すると、≪図表9≫に示している項目欄で構成された、新規上場会社に関する一覧表をみることができます。

　株式を買付ける会社の候補かどうか判断するためには、まずは、その会社がどんな事業をやっているのか、その事業内容を知る必要がありますので、次のような手順で確認します。

　このサイトの一覧表では、それぞれの新規上場会社の「会社概要」の項目欄で、PDFファイルにアクセスできるようになっています。

　そのPDFファイルを開くと、新規上場会社概要という名称の文書の上から10項目目くらいに「事業の内容」が記載されていますので、ここで事業内容が確認できます。直後の

図表9

新規上場会社情報における一覧表の項目欄と注意書き

上場日 （上場承認日）	会社名(注3)	コード	会社概要 (注5)
		市場区分 (注4)	Iの部 (注6)

(注1)上表は、新規上場会社を紹介するための参考情報であり、投資勧誘を目的に作成しているものではありません。
(注2)アンダーラインありの会社名をクリックすると当該会社のウェブサイトをご覧いただけます。
(注3)テクニカル上場については会社名の後ろに「*」を付しています。
(注4)「未定」とは、市場第一部又は市場第二部への上場を意味し、公開価格決定までに決定する予定です。
(注5)「会社概要」は上場承認日時点の情報を掲載しています。

項目の「業種別分類」から、その会社の業種もわかりますので、どのような業界に属しているかの参考になるでしょう。

そして、会社がどんな事業をやっているのか確認したうえで、まずは、将来の成長イメージが持てるかどうかを検討して、将来の成長イメージを持てる会社については、株式を買付ける会社の候補として、さらなる検討を進めていく感じです。

度々の繰り返しなってしまい恐縮ですが、あらかじめ「日本経済新聞の1面と3面」を毎日チェックするなどして、会社の事業内容から将来の成長イメージを持てるかどうかの、判断の土台作りをしておくことが前提となっています。

ここで、銘柄選びに「新規上場会社情報｜日本取引所グループ」というサイトを利用する利点について、説明しておきます。

確認書 （注7）	仮条件（円）	公募（千株）	売買 単位
CG 報告書	公募・売出 価格（円）	売出（千株） （注8）	決算 短信 （注9）

（注6）「上場申請のための有価証券報告書（Ⅰの部）」を掲載しており、その後訂正される可能性があります。
（注7）「上場申請のための有価証券報告書（Ⅰの部）等に不実の記載がないと新規上場申請者の代表者が認識している旨を記載した書面（適正性に関する確認書）」を掲載しています。
（注8）売出し株数のうち、オーバーアロットメント（OA）による売出し分を外書で示しています。
（注9）上場承認の公表日又は上場日現在の決算短信等を掲載しており、その後訂正される可能性があります。

　ひとつは、このサイトには、バックナンバーがあることです。現時点では、2020年の一覧表だけではなく、2016年以降の各年の一覧表を確認できます。このサイトの右上部分にバックナンバーのプルダウンがあって、2016年以降の各年を選択可能になっています（現時点では、閲覧時の年を含めた5年分が閲覧可能な仕様で、2020年なら2016年まで、2021年になると2017年までが閲覧可能）。

　ここ5年くらいは、1年あたりの新規上場会社数は、80社から90社程度で推移してきましたので、だいたい400社程度の新規上場会社の情報を仕入れることが可能です。現在、東京証券取引所には、3,700社程度の会社が株式を上場させているので、ここだけでも1割程度の会社をカバーできるということになります。

　もうひとつは、このサイト特有のメリットなのですが、新

規上場会社の新規上場直後の「代表者インタビュー」の動画を視聴できるということです。

　実際のところ、これから株式投資を始めようとしているような人にとっては、会社の事業内容を把握したからといって、将来の成長イメージを持てるかどうかといわれても、よくわからないかもしれません。

　「代表者インタビュー」の動画は、代表者が自分の会社の事業内容や、過去の決算の推移、今後の事業成長の見通しや予想数値などについて、パワーポイントで作成した会社説明資料なども用いながら説明していますので、初めて銘柄選びをする人にとっても、イメージがつきやすいような気がします。

　私も、事業内容について、活字だけをみて、一体、この会社は何をやっている会社なのか、よくわからない会社もあったりしますので、そういった会社については、このような動画や、会社が作成した会社説明資料をみたり、会社のホームページの製品や商品、サービスのページを参考にしていたりしています。

　また、このサイトのデータ等は、新規上場会社の、新規上場前後のものですので、例えば、2017 年に上場した会社の、「代表者インタビュー」の動画をみてから、その後の決算の推移を確かめるなどして、新規上場時に代表者がいっていたことが本当だったのかと検証する視点で、株式を買付ける会社の候補なのか、銘柄選びを進めることができると思います。上場後に、事業がうまくいかなかった会社からすれば、かな

り意地悪な検証になってしまうのかもしれませんが、大事な自分のお金を投資する投資家としては、そのような視点で、銘柄選びを進めることも必要だと思います。

　一方で、銘柄選びに「新規上場会社情報｜日本取引所グループ」というサイトを利用するにあたっての注意点もあります。

　これからの注意点は、投資の結果に重大な影響を及ぼす可能性もありますので、極めて重要です。

　ひとつは、新規上場会社のほとんどが、マザーズやJASDAQといった新興市場に株式を上場させる会社であるということです。

　新興市場の会社は、一般的に会社の規模が小さく、会社の管理体制も充実していないことから、企業不祥事等が発生しやすいかもしれないという懸念があったり、株式上場して時間が経過していくにつれて、株式の取引が少なくなっていったり、株価の動きが激しかったりします。

　ただ、株価の動きが激しいことのみに関していえば、リスクが大きい分、大きなリターンを望めると考えることもできます。

　もうひとつは、おそらくは、日本の株式市場特有の現象であるように、私は思っているのですが、日本の株式の新規上場というイベントは、それ自体が、投機的なマネーゲームとなってしまっているのではないか、と考えられる現状についてです。

ある程度、経験を持った投資家が、危険を承知のうえで、株式の新規上場「直後」の売買に参加するのは、まったく構わないと思いますが、このあたりの事情をよくわかっていない、これから株式投資を始めようとしているような人は、新規上場「直後」の取引は控えた方がいいように考えています。

　株式の新規上場「直後」からの、よくある、典型的なパターンは次のようなものです。

　そもそも、株式の新規上場に先立って、その新規上場案件に関わっている証券会社が、新規上場会社の株式を投資家に配分するのですが、現状、新規上場される株式の人気は、非常に高く、証券会社の実施する募集に投資家の応募が殺到して、抽選なども行われるものの、ほんの一部の投資家にしか株式が配分されません。ちなみに、このときの、投資家に配分される株式の価格のことは、公開価格と呼びます。

　その後、実際に、証券会社に口座を開いている投資家であれば誰でも、証券取引所を通じて売買できるようになりますが、そのように証券取引所を通じて売買できるようになる日のことを上場日といいます。そして、証券取引所の売買で、株式上場後に初めて成立した取引での株価のことは、初値と呼びます。

　現状では、新規上場される株式の人気が高いのに対して、株式上場「直後」のタイミングでは、株式の供給量が限られてしまうという事情もあり、初値が高騰するケースが、かなり多いです。

公開価格からみて、初値が倍以上になることは、本当にめずらしいことではありません。

しかし、その後、時間が経過していくうちに、新規上場会社への期待が薄れたり、ときには、その後の決算発表に失望したりで、人気が急降下、取引量も少なくなっていき、株価も、株式上場時の初値の半分以下になってしまうというのが、よくある、典型的なパターンなのです。

例えば、2018年の東京証券取引所以外の取引所への新規上場会社も含めた、株式新規上場の件数は90件なのですが、そのうち40件が、公開価格に比べて、初値が倍以上となっているのに対して、その40件のうち、上場日の1年後の月末の終値が、初値の半分以下となってしまったケースは、17件あります。さらに、そのうち、8件では、株価が初値の3分の1以下になってしまっています。

2017年では、株式新規上場の件数は、同じく90件、公開価格に比べて、初値が倍以上となったのは43件、その43件のうち、上場日の1年後の月末の終値が、初値の半分以下となってしまったのは、15件です。ただし、上場日の1年後の月末の終値が、初値の3分の1以下になってしまうケースは、2件にとどまっています。

以上のような事情がありますので、とくに、これから株式投資を始めようとしているような人は、新規上場「直後」に株式を買付けるのは控えた方が賢明といえるでしょう。

これから株式投資を始めようとしているような人は、ほと

んど抽選されることはないでしょうが、新規上場前の証券会社への募集に応募して、公開価格で、配分を受けて、それを売却するだけにとどめるべきだと思います。

ただ、新規上場時に、どうして初値が倍以上に高騰するのかというと、たいていは短期で終わることが多いものの、初値がついてからも、さらに株価が上昇していくケースもまれにあるためです。

また、新規上場「直後」は、株式の売買が極端に活発になっていることから、短期売買をメインにしている経験豊富な投資家の一部が、値動きが激しく、かつ、大量の株数の売買できるという特殊な環境で、短期的な大もうけを狙って、参戦しているものと思われます。おそらく、こういった新規上場「直後」の取引を専門にしているような人もいるでしょう。

このような新規上場「直後」の取引状況は、どうやら、日本の株式市場特有の現象で、投機的なマネーゲームといわれても、仕方がないような気がしています。

そのため、銘柄選びの情報源として、「東京証券取引所の新規上場会社情報」を紹介しましたが、少なくとも、株式新規上場後、1年程度は様子をみて、2年前、3年前くらいの一覧表から、将来の成長イメージを持てる会社を、株式を買付ける会社の候補としてピックアップしていくのが、長期投資のための基本姿勢であると、私は考えています。

6-6.　有価証券報告書の ハイライト情報

　会社の事業内容から将来の成長イメージを持てる会社をみつけることができたら、私は、財務諸表で、売上高推移とフリー・キャッシュ・フローをチェックすることにしています。

　ここでは、過去の売上高推移や、直近のフリー・キャッシュ・フローを、チェックするための具体的な情報の確認方法として、「EDINET」などについて紹介していきます。

　実は、過去の売上高推移や、直近のフリー・キャッシュ・フローを、チェックするのはかなり簡単です。

　その手順は、次のようなものです。

　まず、インターネットで「EDINET」と検索して、「EDINET」というサイトに入ります。この「EDINET」は、金融庁所管のサイトで、上場会社（を含む一定の要件に該当した会社）は、このサイトを通じて、財務諸表を含む企業情報などを開示するよう、義務付けられています。

　次に、「EDINET」の「書類検索」のページから、興味を持った会社名（の一部でも構いません）を検索すると、過去1年間に開示された資料が表示されます。

　そこで、「有価証券報告書」をクリックします。なお、このページのリンクでも、PDFファイルのアイコンでも、どちらでも構いません。

そして、（左端の、もしくは、目次をクリックして表示させる）目次の、上の方にある「主要な経営指標等の推移」をクリックすると、そのページの先頭にいくことができ、大きな一覧表が表示されると思います。その一覧表が、一般的に「ハイライト情報」と呼ばれているものです。

　「ハイライト情報」には、過去５年間相当の様々な数値が記載されており、一般的には、売上高、経常利益などや、営業活動によるキャッシュ・フロー、投資活動によるキャッシュ・フロー、財務活動によるキャッシュ・フローの他、様々な財務指標や、従業員数まで記載されています。

　そのため、この「ハイライト情報」をみるだけで、過去５年間にわたる売上高の推移は確認できますし、直近のフリー・キャッシュ・フローも算出することができます。

　さらに、私は、売上高については、まだ終わっていない、次の１年間の会社予想もチェックすることにしています。

　これについては、会社のホームページにいき、最新の（四半期）決算短信で確認できます。

　インターネットで、会社名と「決算短信」というワードを、一緒に検索することで、比較的簡単に探しだせると思います。

　そうすると、たいていは、最新の(四半期)決算短信の１ページ目の一番下あたりに、売上高を含めた会社の業績予想に関する数値が記載されていますので、そこで、確認する感じです。

　以上が、過去の売上高推移や、直近のフリー・キャッシュ・

フローを、チェックするための具体的な情報の確認方法です。

　かなり簡単に思われたかもしれません。実際にやってみてもらうと、本当に簡単で、慣れてくると、スピードもアップしていくことでしょう。

　もちろん、私は、有価証券報告書や、決算短信の他の項目等もチェックしていたりはしますが、もっとも重要視しているのは、やはり、過去の売上高推移や、直近のフリー・キャッシュ・フローです。

　そして、他の項目等もチェックはするのですが、結局、過去の売上高推移や、直近のフリー・キャッシュ・フローから、判断しています。

　これから株式投資を始めようとしているような人には、もちろん、参考にしてもらいたいですし、すでに、株式投資で豊富な経験を持っているような人でも、初めての気づきとして興味を持たれたのでしたら、是非、チェック項目として、取り入れてもらえればと思います。

◆ Episode 6. ◆　神様の情報源

　本文の第4章で、私が、株式ディーラー時代の上司のことを、株式投資の神様のように思っているということを述べました。今回は、この上司の、銘柄選びの情報源のひとつを紹介しようと思います。ちなみに、市販されていますので、普通に買えます。

　少しだけ、私の上司について、説明させてもらいますと、私がいた証券会社のエクイティ・ディーリング部門は、だいたい30名くらいの人員がいたのですが、そこまで大所帯になったのは、上司が、株式ディーリングで大もうけを続けてきたためであったようです。

　また、本文の第4章でもふれた、週に1回の定例勉強会も、上司が、先頭に立って開催してくれていました。

　で、上司の情報源ですが、株式会社東洋経済新報社の「会社四季報CD-ROM」です。

　こちら、なかなかの優れものでして、例えば、売上高の前年比の変化率、いわゆる、増収率などで、全上場会社のランキングをつくることができます。上司は、そのようにして作成したデータを、定例勉強会で提供してくれていました。

　これからの活用を考えても、本文の第7章で説明している、株式指標PERでランキングをつくれば、PERが低い会社だけを対象に、銘柄選びをすることもできるでしょう。条件による、銘柄の絞り込みも可能です。

　ただ、残念なことに、「会社四季報CD-ROM」は、2021年9月発売号（2021年4集秋号）をもって、休刊するそうです。少し、ネットで調べてみたんですけど、愛用されていた方々が、嘆き悲しんでおられました。

第7章
株式を買付ける
タイミングの模索

7-1. 株価がどう動くか、
本当は誰もわからない

　この章では、株式を買付けるタイミングを模索するにあたり、私が実践していることと、その限界や注意点について、説明していきます。

　もう一度、第2章の≪図表3≫の表をみてもらえればと思います。

　私の実際の取引例を紹介した際にもふれましたが、私が買付けた株式銘柄でも、買付けた後に、株価が、半値どころか、6割超の下落となったものがあるなど、私の株式を買付けるタイミングは、正直、ほめられたものではありません。株式買付け後、1か月も経たないうちに、株価が4割超も暴落したものもありました。

　これは、株式を買付けるタイミングで、その後の株価がどう動くのかについては、少なくとも、私はよくわかっていませんし、そういった意味で、将来の株価の動きに対して、その株式が割安かどうかなんてことは、私は、本当のところは、よくわかってはいないためです。

　だから、株価が6割も下落してしまうような株式を買付けてしまうのです。

　恥の上塗りになってしまいますが、私は、これまで株式を買付けるにあたって、いつも、株価は十分に割安で、それも

含めて、保有していれば十分なもうけが出せると見込んで、株式を買付けてきました。

　それでも、株価が、逆に動いてしまうことも多いのです。

　ただし、株価がどう動くか、よくわからないということに関しては、私だけではなく、本当のところは、すべての人が同じ状態にいることでしょう。

　というよりは、本当に、そのときの株価が割安かどうか、確実にわかる人がいたら、その人は、銘柄選びなどをすることなしに、タイミングによる株式の売買だけで、大もうけして、一生お金に困らない大金持ちになっているはずです。

　本当に、そのような人がいたら、うらやましいかぎりです。

　私は、これまで、本当に、その株式が割安かどうかよくわかっていない状態でも、保有していれば十分なもうけが出せる水準の株価であると、自分なりに納得して、株式を買付けてきました。

　結果として、大きな下落にみまわれた株式もありましたが、今回の長期投資で、これまでに買付けた株式11銘柄のうち、5銘柄で、買付けたときの株価の、倍を超える株価での売却を実現してきています。なお、11銘柄というのは、買付けたものの、まだ売却していない株式が、≪図表3≫の表の他に4銘柄あり（うち、2銘柄は、2020年に入ってからの買付け）、それらを含めた数字ということです。

　それは、長期投資を前提とした場合の、私の銘柄選びが成功していることが大きな要因であり、買付けるタイミングに

失敗しても、長期間保有することで、会社の業績が向上するなどして株価が上昇し、助かっているだけなのかもしれません。

　株式を買付けるタイミングを模索することについての、私の方法論は、正直なところ、そのときの株価が割安かどうか判断するのにあたり、かなり精度が低く、はっきりいって、よく外れてしまうようなものだと私自身が思っています。

　ただ、私は、それが原因で、大きな損をだしてしまったとは思っておらず、損をだしてしまうのは、（将来の株価の動きがよくわからない以上は）仕方ないことだと納得している感じです。

　むしろ、高値掴みを恐れて、もうけ損なっていることが多い気がしているので、もう少し柔軟に買付けるタイミングについての判断基準を改善していった方がいいのではと考えています。

　また、そもそも、将来の株価の動きに対して、その株式が割安かどうかを判定することは、誰にもできないような、極めて困難な試みであるというのが事実だと思われますので、株式を買付ける最高のタイミングを判定する方法論をみつけだそうとするよりは、タイミング以外の株式の買付け方を工夫していった方がいいような気もしています。

7-2. まずは、 チャートをみる

　株式を買付けるタイミングを模索するにあたり、私が実践していることのひとつは、長期の株価チャートをチェックすることです。もうひとつは、PER という株式指標を参考にすることですが、これについては後で説明します。

　長期の株価チャートは、比較的、簡単にチェックできます。
　具体的な方法を、ひとつあげるとすると、ヤフー株式会社が運営する「Yahoo! ファイナンス」で、過去 10 年間の株価チャートをみるだけです。
　手順は、次のとおりです。
　インターネットで、「Yahoo! ファイナンス」と検索して、そのサイト内に入ります。
　サイトの左上のあたりに、会社名や 4 桁の銘柄コード等で検索する入力欄があるので、会社名等で検索をかけます。
　すると、その会社の株価等の情報のトップページが開きます。検索結果一覧を経由する場合もありますが、その場合は、自分がチェックしたい会社名をクリックしてください。
　トップページでは、会社名のすぐ下に 10 個の項目について、タブらしきものが並んでいて、デフォルトでは一番左の「詳細情報」というタブが選択されているのがわかります。
　そのすぐ右に「チャート」というタブがあるので、それを

選択します。

　すると、株式チャートの画面がでてきて、その下に表があり、期間など、各種条件設定に応じた株式チャートが閲覧できるように、様々な項目が選択可能となっています。

　期間については、「1年」がデフォルトになっていますので、「10年」のタブを選択します。

　そうすることで、自分がチェックしたい会社の株式の、過去10年間の株価チャートをみることができます。

　過去10年間の株価チャートから、過去10年間の株価の動きをみて、現時点の株価が高い位置にあるのか、低い位置にあるのかで、株価が割安であるのかを検討するのですが、もちろん、低い位置にある方が株価が安くなっている状態ですので、割安であろうと想像しやすいでしょう。

　私は、あくまで、パッと全体像をみてですが、過去10年間の株価の動きから、少なくとも、その時点での株価が、真ん中くらいの位置からは、低い位置にある株式を買付けるようにしてきました。逆に、その時点での株価が、真ん中くらいの位置から、高い位置にある株式は買付けないようにしてきています。高値掴みを回避するためです。

　しかし、前述のとおり、買付けた株式で株価が大きく下落したものもあるのです。

7-3.　頭の体操

ここで、ひとつ、頭の体操をしてみましょう。

≪図表 10 ≫≪図表 11 ≫のふたつのチャートをみてください。

図表 10

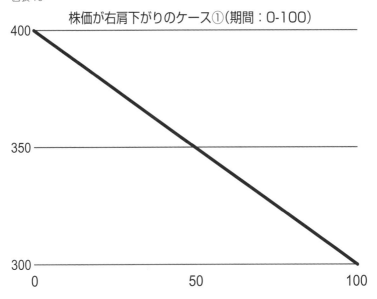

株価が右肩下がりのケース①（期間：0-100）

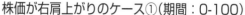

図表11 株価が右肩上がりのケース①（期間：0-100）

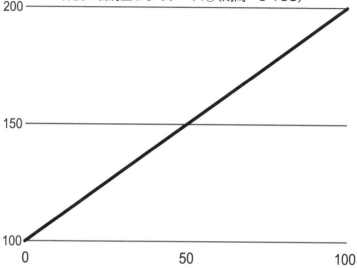

　わかりやすくするために、かなり簡略化、抽象化していますが、典型的な、株価が右肩下がりのケースと、右肩上がりのケースの株価チャートを模したものとなります。縦軸が株価で、横軸が期間で、期間が100というのが、その時点の最新の時点となります。

　ここまで典型的な株価チャートではなかったのですが、私は、その時点での株価が、真ん中くらいの位置からは低い位置にある株式を買付けるようにしてきましたので、他の条件が同じような会社で、右肩下がりの株価チャートの会社と、右肩上がりの株価チャートの会社があった場合は、もちろん、右肩下がりの株価チャートの会社の株式を買付けてきました。

　というよりは、むしろ、事業内容から将来の成長イメージが描けて、売上高も年々増加、直近のフリー・キャッシュ・フローが黒字の会社をみつけた場合、株価チャートをチェックしてみて、右肩上がりの株価チャートであったら、買付けを諦めて、株価が右肩下がり株価チャートであったら、買付けを実行してきたといった方が、わかりやすいかもしれません。

　ただ、本当にそれで大丈夫なのか、考えてみようというのが頭の体操です。

　さらに、≪図表12≫≪図表13≫のふたつのチャートをみてください。

図表12

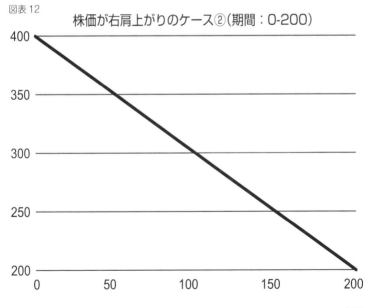

株価が右肩上がりのケース②（期間：0-200）

127

図表13

株価が右肩下がりのケース③（期間：0-300）

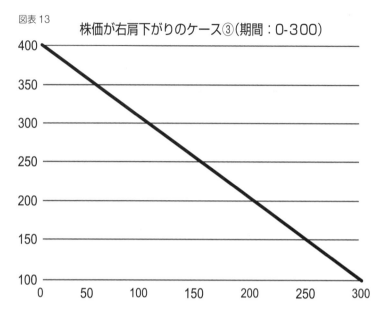

　さっきと同じチャートをふたつもならべて、「一体、どうしたの？」と思った人もいるかもしれません。

　よくみてもらえばわかるのですが、チャートの形状は同じでも、実は、先ほどの①のチャートからは、それぞれ期間が延びていて、それにあわせて、縦軸の株価の範囲も変わっています。

　②では、期間が200まで延びていて、期間200のときの株価は200、③では、期間が300まで延びていて、期間300のときの株価は100となっています。

　期間100にときの株価は300だったので、①のチャートをみて、この会社の株式を買付けて、期間300まで保有した場合は、株価が見事に3分の1になってしまうことになります。

128

　これが、将来の株価の動きがよくわからないということです。

　株式を買付けるタイミングで、たとえ、買付けるタイミングまでで、もっとも安い株価だったとしても、株式を買付けた後、それより株価が安くならないという保証はなく、さらに安くなっていく可能性は十分にあるのです。

　このようなことが、ときどき起こるため、たとえ、株価チャートをみて、株価が低い位置にあることを確かめて株式を買付けたとしても、私のように、その後、株価が6割超の下落となってしまうものがでてきてしまうのです。

　株価チャートをみて、株価が低い位置にあった場合、それまでの過去の値動きと比較すると株価が安くなっている状態であることは間違いないため、「割安であろう」と容易に想像できるのですが、同時に、安易に想像してしまっているのかもしれません。

　同じことが、右肩上がりの株価チャートでもいえます。
　≪図表14≫≪図表15≫のふたつのチャートをみてください。

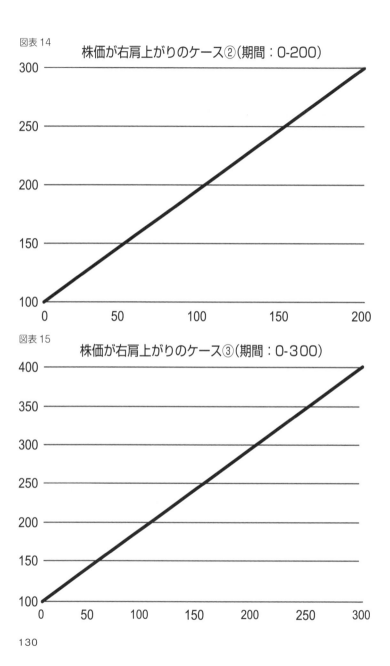

図表 14
株価が右肩上がりのケース②（期間：0-200）

図表 15
株価が右肩上がりのケース③（期間：0-300）

　こちらも、チャートの形状は同じですが、①は期間100まで、②は期間200まで、③は期間300までとなっていて、期間100のときの株価は200、期間200のときの株価は300、期間300のときの株価は400となっています。

　期間100のときに、チェックで、①のチャートをみると、株価が、真ん中くらいの位置から高い位置どころか、もっとも高い位置にあるため、私なら買付けるのを諦めてしまうでしょうし、実際に、これまでも諦めてきました。

　ところが、時間が経過して、③のチャートのようなことになることもありうるのです。

　期間100のときには、将来の期間300のときに株価がどうなっているのかは、誰にもわかりません。しかし、期間300のときになってから、③のチャートでみると、期間100のときの株価200は、株価が、真ん中くらいの位置からは低い位置にあるのです。

　私は、買付けた株式が、その後、下落して、一時的に大きな評価損をだしていることについては、それほど痛手と感じてはおらず、むしろ、このような右肩上がりの株価チャートの株式の買付けをためらうことによって、もうけ損なっていることの方が問題であると考えています。

　ただ、この問題に対応するための工夫は思いついています。

　それは、ひとつの会社の株式を買付けるにあたって、タイミングをずらして、複数回、少額ずつ、買付けるつもりで、買付ける方法です。

これは、第4章で、説明した「余力を持ちながら」株式を買付ける方法と同じ方法であり、私が、すでに、そして、常に、実践してきた方法です。

　ただし、私は、株価チャートをみて、その時点での株価が真ん中くらいの位置からは低い位置にある株式を買付けてきましたが、右肩上がりの株価チャートの株式は、まだ買付けていませんので、あくまで、株価が低い位置にある株式を買付けるときに実践していただけです。

　私は、例えば、ある会社の株式を100万円分まで保有してもいいと判断した場合は、まずは、30万円分くらいの買付けを行うようにしてきました。

　そして、その会社の株価がそのまま上昇していけば、追加の買付けは行わず、他の会社を探すようにし、逆に、その会社の株価が大きく下落してしまったら、あらためて、その時点で、その会社の株式を買付けていいか検討して、買付けたり、諦めたり、といった感じです。

　どのような場合でも、買付けていいと思った最大金額の半分を超えるような金額の買付けは行っていません。

　これは、私は、将来の株価の動きについて、正直、よくわかっておらず、典型的な右肩下がりのチャート①→②→③のようなことも起こりうると考えているためです。

　私は、この複数回、少額ずつ、買付けるつもりで、「余力を持ちながら」買付ける方法は、典型的な右肩上がりの株価チャートの株式にも応用がきくと考えています。

　もちろん、株価が高い位置にある分、高値掴みとなる可能

性は高く、下落した場合の下落幅も大きくなりそうな不安も
あるため、1回あたりの買付ける金額を調整する必要はある
でしょう。例えば、100万円分まで保有してもいいと判断し
た場合は、初回の買付けは20万円程度までにとどめるといっ
た具合にです。

　ただ、実際は、長期保有を前提とした場合に、典型的な右
肩上がりの株価チャートの株式を買付けにいくのは、やっぱ
り、心情的に難しいと思います。

　しかし、日本の株式相場全体が本格的な上昇局面に入って
いった後のような状況を想像してみると、本当にそのような
状況になった場合は、典型的な右肩上がりの株価チャートの
株式を買付けていく必要性がでてくるように考えています。

7-4.　右肩上がりの
　　　　株価チャート等の実例

　ここまで、株価チャートについて、典型的な、そして、極
端に簡略化、抽象化した株価チャートを用いて説明してきま
した。

　中には、そんな典型的なチャートは存在しないだろうと
思っている人もいるかもしれませんので、いくつか実例をあ
げていきたいと思います。

　≪図表16≫のチャートをみてください。

　このチャートは、米国の代表的な株価指数のひとつであ
るS&P500の過去の推移をあらわしたものです。ちなみに、

図表16

S&P500の推移 1989/1-2000/12（月次終値ベース）

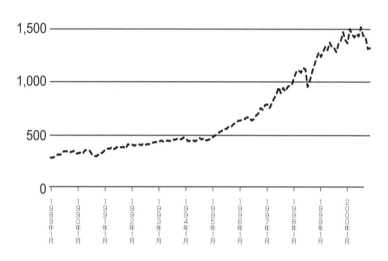

S&P500 は、ニューヨーク証券取引所、NASDAQ に上場し
ている株式銘柄のうち、代表的な 500 銘柄の株価について指
数化したものとなります。

　もちろん、実際の値動きをあらわしたものですので、多
少のギザギザはありますが、まさに典型的な右肩上がりの
チャートといえるでしょう。

　チャートの期間に注目してください。このチャートは、
1989年1月から2000年12月までの12年間のチャートとなっ
ています。

　これは、S&P500 のチャートが、この 12 年間だけ、右肩

上がりとなっていたから、わざわざ、その期間だけを切り取ってきたわけではありません。

≪図表 17 ≫のチャートは、期間を大幅に拡大した、1986年 1 月から 2020 年 10 月までの約 35 年間のチャートです。

2000 年 12 月までの 12 年間のチャートと比べると、より大きめのギザギザがみられますが、それでも十分に右肩上がりのチャートだと思ってもらえるでしょう。

どうして、あえて、2000 年 12 月までの 12 年間のチャートを取り上げたのかというと、もちろん、理由があります。

第 1 章で紹介した、証券会社の新入社員時代の私が、長期投資の重要性を口走ってしまい、見込み客にお叱りを受けてしまったエピソードを思い出してください。2000 年 12 月ま

図表17

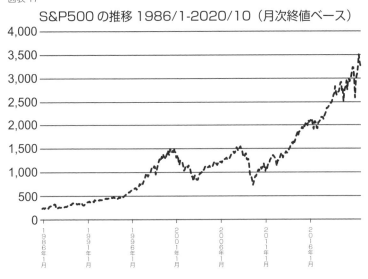

S&P500 の推移 1986/1-2020/10（月次終値ベース）

での 12 年間というのは、そのエピソードの際に示した日経平均株価のチャートとまったく同じ期間なのです。

第 1 章の《図表 1 》の日経平均株価のチャートを、もう一度、みてもらえればと思います。期間が、1989 年 1 月から2000 年 12 月までとなっています。

そして、チャートの形状は、第 1 章でも、述べているとおり、見事な右肩下がりとなっています。もちろん、実際の値動きをあらわしていますので、幾分ギザギザしていますが、まさに、これは、典型的な右肩下がりのチャートといえるでしょう。

7-5.　続 長期投資のリアル

ここで、話を少しだけ脱線させてもらいます。

さらに思い出してほしいのですが、第 1 章の冒頭で、証券会社の新入社員時代の研修で、講師を務める、外資系の投資信託の運用会社のプロモーション担当者が、
「投資は、長期で行うことが大切です。」
などと、「長期投資の重要性」を説いていたことを紹介しました。

ただ、このプロモーション担当者は、株式投資の専門家でも、投資信託の運用責任者でも、なかったように思います。

悪い意味ではなく、単なるサラリーマンであり、直接的ではないにしても、投資信託のセールスマンで、おそらく、運用会社の収益を向上させるため、運用会社に話せと命じられ

たことを話していただけだと思います。

そして、外資系の運用会社の投資に関する見識は、日本の
金融マーケットだけに注目したものではなく、世界の金融
マーケット全体を対象にしたもの、とりわけ、圧倒的な世界
一の金融マーケットを誇る、米国の金融マーケットを中心と
したものとなることは容易に想像できます。むしろ、日本の
金融マーケットには、あまり興味がなく、よく知らないとい
うのが、本当のところだと思います。

そこで、もう一度、1989年1月から2000年12月までの
12年間のS&P500のチャートをみてください。

外資系の運用会社が、投資は、長期投資が重要で、長く保
有してもらうことが、結局、顧客のためになると、証券会社
の営業員向けの研修で説明させていたことは、過去の12年
間のS&P500の値動きの実績から、合理的に推測された、もっ
ともらしい正解であったといえるでしょう。たとえ、そう説
明させることが、運用会社の収益向上に役立つとしても、で
す。

さらに、1986年1月から2020年10月までの約35年間の
S&P500のチャートをみてもらえれば、現時点では、結果と
して、それが正解だったといえると思います。

一方で、バブル崩壊を体験した日本の投資家はそうではな
かったはずでしょう。

今一度、1989年1月から2000年12月までの12年間の日
経平均株価のチャートをみてください。

私は、日本人なので、残念でなりません。

　アメリカ人にとって、投資は長期投資が重要であることが、受け入れやすい状況が、長く継続してきているのに対して、日本人にとっては、どうもそうではなかった、ということが。とりわけ、バブル崩壊後の日本の株式市場においては。

　このような現実があることも、我々日本人にとっての、長期投資のリアルといえるでしょう。

7-6. 続 右肩上がりの
株価チャート等の実例

　話をもとに戻しましょう。

　右肩上がりの株価チャート等の実例の続きです。

　S&P500、日経平均株価ともに、あくまで株価指数であり、株式自体ではありませんので、株式の実例についてもあげておこうと思います。

　≪図表18≫のチャートをみてください。

　これは、丸和運輸機関（9090）という会社の、2014年4月から2020年10月までの株価チャートです。なお、このチャートについては、株式分割の影響を調整しています。

　ここで、少し解説ですが、このようなタイプのチャートのことを、ローソク足チャートと呼びます。

　黒とか白とかの四角の真ん中に、細い直線が刺さっていたり、刺さっていなかったりするのが、ローソクです。

図表18

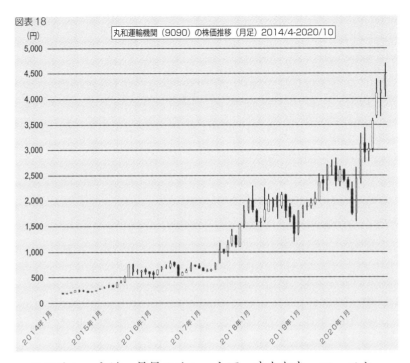

（円）
丸和運輸機関（9090）の株価推移（月足）2014/4-2020/10

5,000
4,500
4,000
3,500
3,000
2,500
2,000
1,500
1,000
500
0

2014年1月　2015年1月　2016年1月　2017年1月　2018年1月　2019年1月　2020年1月

　このチャートは、月足のチャートで、すなわち、ローソク1つが1か月間の値動きをあらわしていて、その月の最初についた株価からみて、その月の最後についた株価が上にある場合は、陽線といって、白い四角となっています。下にある場合は、陰線といって、黒い四角となります。ちなみに、日足、週足、年足、5分足というチャートもあり、それぞれ、ローソク1つが、1日、1週間、1年、1区切りの5分間に対応します。

　さらに、四角に刺さっている直線は、その月の最高値から最安値までの範囲をあらわしており、刺さっていないようにみえるのは、その月の最初についた株価と、最後についた株価とが、それぞれ、その月の最高値か、最安値かのどちらか

になっている場合です。

　丸和運輸機関（9090）のチャートは、なかなかきれいな右肩上がりといえるでしょう。実際の値動きをあらわしたものですので、多少のギザギザはありますが、まさに典型的な右肩上がりのチャートです。

　少しだけですが、株価が右肩上がりとなっている背景などについても補足しておきましょう。

　丸和運輸機関（9090）は、物流の一括請負をしている会社です。もしかすると、「桃太郎便」というペイントがされた、白と緑のワゴン車をみたことがある人もいるかもしれません。

　2017年に、クロネコヤマトの宅急便のヤマトホールディングス（9064）が、未払い残業代などの労働問題に端を発して、法人向けの配送料等の値上げを実施しましたが、そのあたりから、アマゾン・ドット・コム（AMZN）の荷物の取扱量が、減少していったようです。その受け皿のひとつとして、丸和運輸機関（9090）が、荷物の取扱いを増やしていった模様で、業績を大きく伸ばしたものとみられています。

　丸和運輸機関（9090）は、2014年4月に株式上場を果たした会社で、そのときの公開価格は、株式分割の影響調整済みで、212.5円でしたが、初値は、そこから約9％下落した水準の、193.75円（株式分割の影響調整済み）となっていました。

　その公開価格割れの初値から、2020年10月の終値は、初値の23倍程度になっています。まさに、凄まじい株価上昇

です。

　時間的余裕のある人は、練習として、このような会社の、売上高推移とフリー・キャッシュ・フローを「EDINET」でチェックしておくのもいいと思います。

　次は、右肩下がりの株価チャートの実例です。

　《図表19》は、ジャパンディスプレイ（6740）という会社の、2014年3月から2020年10月までの株価チャートです。

　こちらも、少し大きめのブレがあるものの、なかなかきれいな右肩下がりで、典型的な右肩下がりのチャートといえるでしょう。

　ジャパンディスプレイ（6740）は、中小型の液晶パネルメー

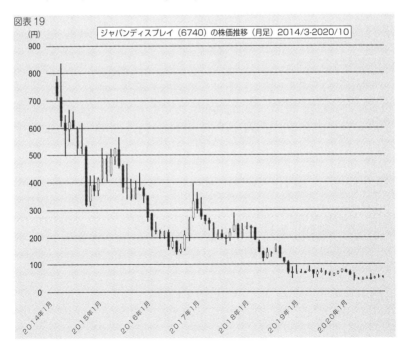

図表19
ジャパンディスプレイ（6740）の株価推移（月足）2014/3-2020/10

カーで、2011年から2013年にかけて、政府系の、当時の株式会社産業革新機構（現在は、株式会社産業革新投資機構、及び、その子会社の株式会社INCJ）が2,000億円を出資して、設立され、ソニー（6758）、東芝（6502）、日立（6501）のそれぞれの液晶パネルメーカー子会社を買収して、統合した会社です。

2014年3月に株式上場を果たしたのですが、そのときの公開価格900円を15％近く下回る初値769円をつけ、これまで一度も公開価格を上回ることがないまま、株価は低迷を続け、2020年10月の終値は51円と、公開価格の約18分の1程度になってしまっています。

ジャパンディスプレイ（6740）はスマートフォン、とくにアップル（AAPL）のiPhone向けに、中小型の液晶パネルを製造していましたが、スマートフォンのディスプレイが有機ELパネルに移行していく中、2017年にiPhoneの主力機種でも有機ELパネルが採用されて以降、液晶パネルメーカーで有機ELパネルの製造能力を持たないジャパンディスプレイ（6740）の業績は、巨額の赤字を垂れ流し続けるようになってしまいました。

さらに、2019年11月頃から、粉飾決算の疑惑が浮上、その後、それが事実であったことが判明しています。現在は、支援に名乗りをあげた、民間のいちごアセットマネジメント株式会社と株式会社INCJのもとで経営再建中です。

7-7. 株式指標 PER は有効か

　ここまでは、株式を買付けるタイミングを模索するにあたり、私が実践していることのひとつとして、長期の株価チャートをチェックすることについて説明してきました。

　ここからは、もうひとつの、PER という株式指標を参考にすることについて説明していきます。

　PER は、もっとも代表的な株式指標のひとつで、株価を1株当たり当期純利益で割ることで算出します。普通は「ピーイーアール」と読みますが、人によっては「パー」と呼ぶ人もいます。

　株価収益率ともいい、式にすると次のようになります。

PER（株価収益率）＝株価÷1株当たり当期純利益

　なお、1株当たり当期純利益は、ひとつ先の決算の、1株当たり当期純利益の予想数値を用いるのが一般的です。

　PER は、1株当たり当期純利益に対して、株価がどのくらいまで買われているのかをみるための倍率であり、低い倍率であれば、株価は割安、高い倍率であれば、株価は割高と判断します。

　水準感としては、15倍前後くらいが標準的なメドであり、12倍から18倍の間くらいであれば、だいたい、標準的な水

準といえるでしょう。

日本経済新聞では、日経平均株価の（採用されている225銘柄の）加重平均ベースのPERを記載しており、それも、だいたい15倍前後で推移していることが多いです。

ただし、最近、2020年10月頃は、上場会社の多くが、新型コロナウィルス拡大による悪影響を考慮して、ひとつ先の決算の業績予想を低めに想定していることもあり、20倍から25倍くらいまでの間での推移になっています。

ちなみに、このような数値は、日本経済新聞のマーケット総合1の紙面の真ん中すぐ下くらいに「株式市場の投資指標」という欄があるので、そこで確認できます。

ただし、PERは、唯一絶対の株式指標とまではいえず、それだけで買付けの判断ができるものではありません。そのように投資判断をしている人も、いるにはいるかもしれませんが。

どういうことかというと、会社の属する業種、業界や、会社の規模感、成長ステージで、それぞれ標準的なPERの水準は異なっているという現実があるためです。

PERは、例えば、大手商社5社のうち、どの会社の株式が割安かというようなことを判断するときに有効なのですが、この大手商社5社とかいった、会社の属する業種や規模感ごとのグループが違うと、PERの水準が全然違ってくるのです。

そのため、大手自動車メーカーのグループは、標準的に

PERが低めであるとかいうことを、事前知識として持って
いたり、同じようなグループの同業他社のPERも一緒に
チェックしたりしないと、判断を大きく間違ってしまうこと
が十分にありえます。

　また、世の中の常識的な発想では、新入社員として入社す
るなら、規模の小さいベンチャー企業よりも、有名で、成熟
した、一流大企業の方、というのが一般的なように思います
が、株式市場では、有名な一流大企業よりも、成長余地の大
きい、規模の小さいベンチャー企業の方が、PERが高めと
いった、逆転現象が起きています。

　あと、めったに発生しないような異常な要因による、大き
な損失を業績予想に見込んでいる場合などは、その年だけ当
期純利益の予想金額が小さくなって、異常に高いPERとなっ
てしまったり、赤字となって、当期純損失となっていれば、
PER自体が算出できなくなったりもします（ただ、マイナ
ス表示で数値を出しているケースは、あるにはあります）。
もちろん、会社が業績予想をだしていなくて、算出できない
こともあります。

　PERの確認方法も、かなり簡単ですので、初めての人は、
この機会に、練習してみてください。

　「Yahoo! ファイナンス」で、PERを知りたい会社の会社名
等を検索して、その会社の株価等の情報のトップページまで
いくのは、株価チャートのチェックのときと同じです。

　今回は、その会社の株価等の情報のトップページのまま、

画面を下にスクロールしていくと、「参考指標」という欄があり、その上から5つ目に、「PER（会社予想）」があります。

　初めての人は、試しに、先ほどの大手商社5社、伊藤忠商事（8001）、丸紅（8002）、三井物産（8031）、住友商事（8053）、三菱商事（8058）を確かめてみるといいでしょう。

　なお、会社名の右にかっこ書きで4桁の数字を示しているのは、銘柄コードといって、「Yahoo! ファイナンス」でも、こちらで検索した方がより簡単です。

　アップル（AAPL）などの、右のかっこ書きの大文字アルファベットはティッカーコードといって、「Yahoo! ファイナンス」で検索すると、米国の株式市場での株価をみることができます。

　大手自動車メーカーといえば、日産自動車（7201）、トヨタ自動車（7203）、三菱自動車（7211）、マツダ（7261）、ホンダ（7267）、スズキ（7269）、SUBARU（7270）くらいでしょうか。こちらで、練習してもいいと思います。

　ここまでは、一流大企業ばかりですので、時間的余裕のある人は、第2章の《図表2》の表で、紹介した私が買付けた株式銘柄についても、PERを確かめてみてもらえればと思います。そちらは、ベンチャー企業多めなので、会社の規模感、成長ステージによる違いを感じることができるかもしれません。

　PERについて、ここまで説明をしてきて、イマイチ、役に立ちそうにないと思った人もいるのではないでしょうか。

　ただ、PERは、多くの投資家に親しまれている株式指標であって、半ば、共通語的な側面があります。このことは、極めて重要です。

　多くの投資家にとって、共通語のような株式指標であることによって、PERが（というよりは、より本来的には、1株当たり当期純利益かもしれませんが）、株価形成にとって、大きな影響を与えているという意味で、です。

　PERが、株式市場にとって、共通語的な株式指標であって、株価形成にとって大きな影響を与えていると思われることから、私も、ある程度はPERを尊重してきました。

　これまでは、PER15倍くらいをメドにして、その近辺になる株価水準で、株式を買付けるかどうかを判断してきました。どんなに高くても、PER20倍台くらいまでしか、株式を買付けたことはありませんし、PER30倍を超えてくると、すぐに投資対象から外してしまうといった感じです。

　ただ、そんなことをしていて、もうけ損なっていることが多いという実感もありますので、このあたりの調整は、私も、思案のしどころではあります。

7-8.　株式を買付ける
　　　タイミングの実際

　この章では、私が、株式を買付けるタイミングを模索するにあたり、長期の株価チャートとPERをチェックしていることについて説明してきました。

ただ、実際のところは、事業内容から将来の成長イメージが描けて、売上高も年々増加、フリー・キャッシュ・フローが黒字の会社をみつけた後に、長期の株価チャートとPERとをチェックして、株価が十分に安い水準だったから、すぐに買付けるといったようなことはほとんどありません。

　たいていの場合は、株価が、私の買付けたい水準より、高いことばかりですので、長期の株価チャートとPERから、買付けたい株価水準を設定して、そこまで株価が下がってから買付けることになります。

　もっとも、長期の株価チャートとPERをチェックして、あまりにも株価が高すぎるので、投資対象から外してしまうことはよくあることですし、株価がまずまずの水準で、買付けたい株価水準を設定して、そこまで株価が下がってくるか、待っていても、そこまでは下がってこずに、むしろ、どんどん上昇していって、諦めてしまうことも多かったりします。

　そんなこともあって、私は、もうけ損ないが多くなっているような気がしています。

　ただ、やはり、株式を買付けるか判断するタイミングで、その後の株価がどう動くのかについては、誰にもわからないことですので、ある程度は仕方のないことなのでしょう。

　買付けるタイミングをはかる方法にこだわって、それを探し続けるよりは、買付けるタイミングを分散し、かつ、1回あたりに買付ける金額を調整するなど、買付けるタイミングをはかる以外の方法を工夫する方が、生産的な気がしています。

◆ Episode 7. ◆ キリのいい株価

　あなたは、株式の注文をだすときに、どのように価格を決めていますか？

　今回は、注文をだすときの価格についてのお話です。

　株式の注文方法は 2 通りあります。

　ひとつは、「指値」（さしね）といって、自分で価格を指定して注文する方法で、今回のお話は、「指値」で指定する価格についてのものです。

　もうひとつは、「成行」（なりゆき）といって、どんな価格でもいいから、株式を買付けてくれ、または、売却してくれという方法です。どんな価格でもといっても、買付けるなら、そのとき買付けることのできる、もっとも安い売り注文との取引となりますので、たいていは、ビックリするようなことにはならないのですが、新興市場株・小型株など、取引が活発でない株式では、想定外に高い価格になってしまうこともありえますので、取引が活発でない株式を取引するときは、「指値」にしておいた方がいいでしょう。

　で、「指値」で指定する価格についてですが、500 円とか、1,000 円とか、2,000 円とかの、キリのいい価格はやめた方がいいです。

　というのは、そういったキリのいい価格には、自分の前に注文した人の、注文がたくさん残っているからです。

　例えば、売り注文の株数が、501 円に 1,200 株、500 円に 12,500 株、499 円に 800 株といったように、すでに入っているといったイメージです。

注文が成立する順番は、早いもの順ですので、あなたが、500円で売り注文をだしたら、先にでていた 12,500 株の注文が成立した後に、あなたの番がくるということになります。

　だったら、499円で売り注文をだした方が、いいんじゃないの？っていうのが、今回のお話の主題です。

　場合によっては、499円の売り注文はすべて成立して、500円の売り注文は 1,000 株だけ成立して、その後、株価が下落していき、450円くらいになってしまったというようなこともありえますので。

　買付ける場合は、501円、売却する場合は、499円という、「指値」の決め方については、「株式投資の神様」たる上司に教えてもらいました。たしか、私が、「指値」注文での注文をだし始めたときに気がついてくれて、個人的に教えてもらったはずだったと思います。

第8章
実際の取引の概要紹介と、買付けの検証

8-1. cotta(3359) の取引の概要

　ここからは、私が実際に取引をした株式銘柄の中から3銘柄をピックアップして、取引の概要を示したうえで、初回の買付けについて検証し、さらに、初回の買付け以降の株価の動きの要因について、私なりに分析していきたいと思います。

　この章では、3銘柄に関して、取引の概要について説明し、それらの初回の買付けについて検証します。

　3銘柄とは、第2章の≪図表2≫の表にある、cotta（3359）、日本水産（1332）、エフオン（9514）になります。

　検証は、第3章の≪図表4≫のSTEP1からSTEP2までが実践できているかの観点から進めていきます。

　ただ、実際は「原則」だけではなく「例外」があったり、また、今回の長期投資を始めたばかりの頃などは、まだ、≪図表4≫の「私の株式投資のフロー」が、固まりきっていなかったりしたこともあり、完璧に実践できていたわけではありません。

　常に、画一的に、判断基準などをあてはめているだけではないことについても、参考にしてもらえればと思います。

　最初は、cotta（3359）の取引の概要についてです。

　cotta（3359）は、「菓子店・弁当店等に包装資材・食材を通信販売」している大分県に本社を置く会社で、東証マザー

ズに株式を上場しています。

　私は、事業内容については、正直、地味だと感じていましたが、インターネット通販（EC）サイト「cotta」の展開に注目して、株式を買付けるか検討し始めた感じでした。

　もともとは、タイセイ（3359）という社名でしたが、2020年3月に社名を変更しおり、ECサイトの名称と同じ、cotta（3359）という社名になっています。

　まずは、≪図表20≫のチャートをみて、これまでの取引全体の流れを把握してもらえれば、と思います。

　チャートは、2014年1月から2020年10月までのcotta（3359）の株価チャート（株式分割の影響を調整済み）です。

図表20
cotta（3359）の株価推移（月足）2014/1-2020/10

そこに、私の売買のタイミングについて、「売」と「買」のマークを付してみました。

　売買のみに注目すると、2015年9月に買付けており、約2年後の2017年8月と、さらに、その半年後の2018年3月に、まずは、半分、ついで、残りのうちの半分を売却しています。

　取引等の詳細については、≪図表21≫の表にまとめてあります。

　表にもありますが、2018年10月に1株を3株にする株式分割を実施していています。そのため、≪図表21≫の表は、株式分割前の情報について、株式分割の影響を調整しています。

　また、cotta（3359）は、NISAで2015年に買付けているため、2019年末で、5年間の非課税期間が終了しています。cotta（3359）については、2020年の非課税限度額の枠を消費する

図表21

日付	売/買/他	単価	数量	金額	損益
2015/09/18	買	160	1,200	195,008	
2015/12/21	配当金	1.67	1,200	2,000	2,000
2016/12/26	配当金	1.67	1,200	2,000	2,000
2017/08/18	売	344	600	203,306	105,706
2017/12/25	配当金	1.67	600	1,000	1,000
2018/03/22	売	678	300	200,545	151,745
2018/10/01	株式分割	1:3			
2018/12/25	配当金	3.33	300	1,000	1,000
2019/12/23	配当金	4.00	300	1,200	1,200
2020/01/01	ロールオーバー	365	300	109,500	60,892
2020/10/31	時価評価	1,008	300	302,400	192,900

かたちで、非課税期間を延長しています（これを、ロールオーバーといいます）。なお、そのタイミングで、一旦、それまでの評価益が確定されるとともに、損益等の基準となる株価が切り上がっています。

cotta（3359）の取引に関しては、2020年10月末現在で、株式を買付けた金額の195,008円に対して、2回の売却で、すでに計403,851円を回収済みで、配当金でも計7,200円ほど回収できています。

それらをあわせると、411,051円となり、買付金額の倍以上の回収を実現しています。

さらに、2020年10月末時点のポジションの時価（＝株価×株数）が302,400円ですので、私のこれまでの損益状況は、
-195,008円 +411,051円 +302,400円 =518,443円
のもうけとなっています。

cotta（3359）は、今のところ、今回の私の長期投資で一番もうかっている株式銘柄です。

また、すでに買付金額の倍以上の回収を実現できており、今後、cotta（3359）が倒産するなどして、株式価値がゼロになったとしても、それなりのもうけが残せる状態となっていますので、今後は、気楽に長期保有して、株価の上昇を期待できるという、とても恵まれた状況になっています。

このような状況になってくると、誰でも平常心で、株式投資に向き合えて、株式を長期保有できるようになると思います。

8-2. cotta(3359) の 買付けの検証

　それでは、私は、どのような状況で、cotta（3359）の株式を買付けたのでしょうか。

　私が、2015 年 9 月に cotta（3359）の株式を買付けたときの、銘柄選びと、買付けのタイミングの模索の面から、検証していきましょう。

　銘柄選びに関して、cotta（3359）の情報源は、実質的には、（東京証券取引所の）過去の新規上場会社情報の一覧表と同じです。

　cotta(3359)は、2005 年 2 月に、福岡証券取引所の「Q-Board」に株式を上場しており、現時点では、東京証券取引所の新規上場会社情報のサイトでは、昔すぎて確認できません（証券取引所自体も違うため、そもそも 2005 年 2 月時の情報はサイトには載りませんが、そうでなくても、同サイトで確認できるのは 2016 年以降のためです）。

　私は、2005 年から 2007 年にかけて、証券会社で、上場会社の公募増資等の株式発行や、情報開示をサポートする部門にいて、それこそ、証券会社として、上場会社の公募増資等ついてのデータベースや、新規上場会社についてのデータベースを作成していたり、その後、エクイティ・ディーリング部門に異動して、株式ディーラーになってからも、属した

チームの定例の勉強会向けに、新規上場会社についてのデータベースを作成していたりしたことから、新規上場会社についての知見が豊富であり、cotta（3359）についても、その頃から目をつけていた会社でした。

いずれにしても、ちょっと昔の新規上場会社という点では、東京証券取引所の新規上場会社情報の一覧表に掲載されている新規上場会社と変わりはありません。

cotta（3359）の事業内容は、「菓子店・弁当店等への包装資材・食材の通信販売」とかなり地味なものでしたが、私は、決算短信の添付資料（の「経営成績に関する分析」など）を読んで、インターネット通販（EC）サイト「cotta」のリニューアルなどに経営資源を投下しているところに、将来の成長イメージを感じました。

その背景には、世界でも、日本でも、ECの利用がどんどん拡大していくという、私の将来予測があります。もちろん、ECの拡大に関しては、私以外の多くの人も、そう予測しているでしょう。

となると、次は、売上高推移や直近のフリー・キャッシュ・フローのチェックです。

≪図表22≫の表は、cotta（3359）の、株式を買付けた2015年9月時点で確認できたはずの、最新の有価証券報告書に基づいて作成したものとなります。

なお、表の中の、営業CF、投資CF、財務CFとは、それぞれ、

図表22

決算年月		2010年9月	2011年9月	2012年9月	2013年9月	2014年9月
売上高	（千円）	2,229,127	2,571,784	3,355,117	3,699,039	4,026,923
経常利益	（千円）	49,531	69,608	127,994	200,917	111,500
当期純利益	（千円）	20,234	21,663	70,641	128,231	59,463
...						
営業CF	（千円）	39,896	11,120	73,072	191,905	177,009
投資CF	（千円）	△ 70,049	△ 128,298	△ 35,357	△ 133,768	△ 402,140
財務CF	（千円）	60,453	148,397	△ 23,925	627,978	△ 33,049
現金等期末残高	（千円）	250,417	281,636	295,425	981,540	723,361
...						
FCF	（千円）	△ 30,153	△ 117,178	37,715	58,137	△ 225,131

営業活動によるキャッシュ・フロー、投資活動によるキャッシュ・フロー、財務活動によるキャッシュ・フローのことで、FCFがフリー・キャッシュ・フローのことです。

　売上高推移については、毎年増加していっており、問題ないでしょう。

　しかし、フリー・キャッシュ・フローは赤字となっている年もあり、とくに、直近の2014年9月期は、2億円を超える赤字で、この会社としては、大きな赤字になっています。

　私は、フリー・キャッシュ・フローについては、直近の数字を重視しています。売上高については、これまでの推移の傾向も重視しているのに対して、フリー・キャッシュ・フローについては、将来のキャッシュ・フローを予測するという意味で、将来に一番近い過去である、直近のフリー・キャッシュ・フローがどうなっているか、確認するのが、もっとも有効で

あると考えているためです。

ところが、このケースでは、その直近のフリー・キャッシュ・フローが赤字となっていました。

私は、「原則」として、直近のフリー・キャッシュ・フローが赤字の会社の株式は、買付けを控えるべきと考えています。

どうして、この時点で、買付けを諦めなかったのか。

それは、私が、追加で、赤字の要因を調べてみて、問題のない赤字、むしろ、望ましい赤字である、と判断したためでした。このケースは、「例外」だったのです。

当時の有価証券報告書が、会社のホームページで閲覧できますので、試しに、みてもらえればと思います。

会社のホームページの「IR情報」をクリック、さらに「IRライブラリ」をクリックして、一番下までスクロールすると、2007年以降の有価証券報告書が閲覧できます。そこで、2014年のものをクリックしてください。

そして、まず、「目次」の「第5【経理の状況】」「1【連結財務諸表等】」を選択して、【連結キャッシュ・フロー計算書】の投資活動によるキャッシュ・フローの内訳をみると、有形固定資産の取得による支出で、3億4,256万円のマイナス（支出）、無形固定資産の取得による支出で、4,448万円のマイナス（支出）となっていることがわかります。

次に、「目次」の「第3【設備の状況】」「1【設備投資等の概要】」を選択すると、それら資金が、新倉庫建設用土地に1億709万円、新倉庫建設に2億1,042万円、インターネッ

ト通販サイトのリニューアルに5,592万円ほど、充てられているのがわかります。

そこで、私は考えました。

通信販売の会社で、売上高が順調に伸びていて、倉庫のスペースが足りなくなってきているのであれば、将来の売上高を増加させるためにも、新倉庫の建設は必要な投資ですし、インターネット通販サイトのリニューアルも、集客して取扱量を増やし、将来の売上高を増加させることが期待できる投資といえるでしょう。

私は、そう考えて、このフリー・キャッシュ・フローの赤字は、望ましい赤字であると判断したのです。

もちろん、その時点では、本当に、売上高を増加させるのか、100%確実というわけではなかったのですが、今なら、現時点での最新の有価証券報告書に基づいて作成した、第9章の《図表34》の表をみてもらえれば、それがどうなったかがわかります。

かなりの応用編となってしまいましたが、直近のフリー・キャッシュ・フローが赤字であっても、その瞬間に、買付けを諦めるのではなく、赤字の要因を調べてみることで、会社のことも色々わかって、前向きな判断につながることも、ときにはあるのかもしれません。

ここまでくると、最後は、買付けのタイミングを模索するために、長期の株価チャートとPERから、買付けていい株価水準を検討することになります。

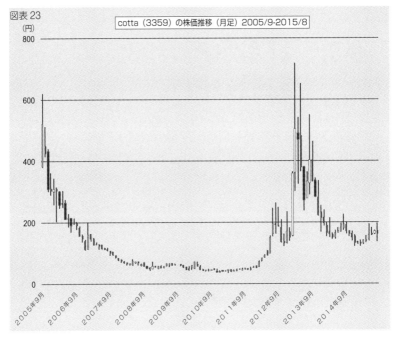

図表23
（円）
cotta（3359）の株価推移（月足）2005/9-2015/8

2005年9月 2006年9月 2007年9月 2008年9月 2009年9月 2010年9月 2011年9月 2012年9月 2013年9月 2014年9月

　《図表23》のチャートが、私が、cotta（3359）の株式を買付けた2015年9月より前の10年間の株価チャートです。

　10年間の株価チャートをみて、2015年8月は底値とまではいえませんが、株価はかなり低い位置にありますので、問題ないといえるでしょう。

　PERについては、当時の2015年9月期の会社予想ベースで7倍程度なので、こちらも、かなり割安な水準でした。

　あらためて、cotta（3359）の株式を買付けについて、検証してみましたが、買付けた時点でも、どうやら、かなり上手な買い物をしたといえそうです。

8-3. 日本水産 (1332) の 取引の概要

　続いて、日本水産（1332）の取引の概要です。

　日本水産（1332）は、社名のとおり、水産会社です。

　養殖を含めた水産事業の他、冷凍食品の製造・販売や、青魚由来の健康成分であるEPAといった医薬品原料の製造・販売なども行っている、大手の会社です。

　まずは、≪図表24≫のチャートをみて、これまでの取引全体の流れを把握してください。

図表24
（円）
日本水産（1332）の株価推移（月足）2014/1-2020/10

　チャートは、2014年1月から2020年10月までの日本水産（1332）の株価チャートになります。

　2014年11月に買付け、その約1年後の2016年1月に一部を売却してからは、取引することなく、保有を続けています。株価は売却してからも上下動を繰り返しながら、現時点では、買付けた頃の株価近辺まで戻ってきた感じです。

　取引等の詳細については、≪図表25≫の表にまとめてあります。

　日本水産（1332）は、NISAで2014年に買付けているため、2018年末で5年間の非課税期間が終了しています。日本水産（1332）については、非課税期間の延長は行わず、特定口

図表25

日付	売/買/他	単価	数量	金額	損益
2014/11/07	買	376	500	190,700	
2015/06/09	配当金	3.00	500	1,500	1,500
2015/12/07	配当金	2.00	500	1,000	1,000
2016/01/04	売	696	300	205,869	91,269
2016/06/13	配当金	3.00	200	600	600
2016/12/05	配当金	2.50	200	500	500
2017/06/12	配当金	3.50	200	700	700
2017/12/04	配当金	4.00	200	800	800
2018/06/11	配当金	4.00	200	800	800
2018/12/03	配当金	4.00	200	800	800
2019/01/01	払出（移管）	614	200	122,800	46,700
2019/06/10	配当金	4.00	200	638	638
2019/12/02	配当金	4.00	200	638	638
2020/06/08	配当金	4.50	200	718	718
2020/10/31	時価評価	401	200	80,200	-42,600

座という、非課税ではない一般的な口座に移管しています。ただ、移管のタイミングで、一旦、それまでの評価益が確定されるとともに、損益等の基準となる株価が切り上がっているのは、非課税期間を延長（ロールオーバー）する場合と変わりません。

　日本水産（1332）の取引に関しては、2020年10月末現在で、株式を買付けた金額の190,700円に対して、売却によって205,869円を、配当金でも計8,694円ほど回収できています。あわせて214,563円と、すでに買付金額全額の回収を実現しています。

　加えて、2020年10月末時点のポジションの時価（＝株価×株数）が80,200円なので、私のこれまでの取引の損益状況は、

-190,700円 +214,563円 +80,200円 =104,063円

のもうけとなっています。

8-4.　日本水産(1332)の買付けの検証

　日本水産（1332）に関しても、私が、2014年11月に株式を買付けたときの、銘柄選びと、買付けのタイミングの模索の面から、検証していきます。

　まず、銘柄選びの情報源は、日本経済新聞の投資情報の紙面でした。

　そこで、2015年3月期の第2四半期の決算発表の内容が
好調であったことから、投資対象として目をつけました。

　日本水産（1332）のメインの事業内容は、養殖を含めた水
産事業です。

　私は、世界的な健康志向や和食ブームの高まりから、長期
的に、世界中で魚の需要が増大していくのではないかと考え、
日本水産（1332）について、将来の成長イメージを持ちました。

　そう考えるようになったのは、実は、キッコーマン（2801）
の業績や株価の推移からの連想でした。

　キッコーマン（2801）の業績が好調で、その要因として、
健康志向や和食ブームの高まりから、海外でのしょうゆの販
売が伸びているということを、これも、日本経済新聞の投資
情報の紙面から仕入れていて、そこから、健康志向や和食ブー
ムで、しょうゆが売れるのなら、魚も売れるだろうと考えた
のです。

　あと、世界の人口が増え続けていて、現在進行形、かつ、
将来的にも、食糧全体の需要が大きくなっていくと予想され
ることも、考えの背景にありました。

　ちなみに、株式投資として、株価のパフォーマンスを比較
すると素直にキッコーマン（2801）の株式を買付けていた方
がよかった感じです。

　次は、売上高推移や直近のフリー・キャッシュ・フローの
チェックです。

　≪図表26≫の表は、日本水産（1332）の2015年3月期の

図表26

決算年月		2011年3月	2012年3月	2013年3月	2014年3月	2015年3月
売上高	（百万円）	494,294	538,030	566,858	604,249	638,435
経常利益	（百万円）	6,275	8,404	5,443	12,360	21,392
当期純利益	（百万円）	△ 701	2,307	△ 4,575	3,998	10,558
…						
営業CF	（百万円）	5,556	23,820	15,136	18,121	22,838
投資CF	（百万円）	△ 28,808	△ 16,715	△ 21,310	△ 11,688	△ 12,135
財務CF	（百万円）	20,091	△ 9,001	8,495	△ 11,879	△ 7,860
現金等期末残高(百万円)		17,182	14,981	18,169	13,801	17,071
…						
FCF	（百万円）	△ 23,252	7,105	△ 6,174	6,433	10,703

有価証券報告書に基づいて作成したものです。

　株式を買付けた2014年11月時点では、2014年3月期以前の4期分しか認識できないはずですので、2011年3月期から2014年3月期までをみてください。

　売上高推移については、毎年増加していっており、問題ありません。

　フリー・キャッシュ・フローについても、直近の2014年3月期が黒字となっていることから、問題ないでしょう。

　最後は、株価チャートとPERに基づく、買付けタイミングの模索です。

　≪図表27≫のチャートが、私が、日本水産（1332）の株式を買付けた2014年11月より前の10年間の株価チャートになります。

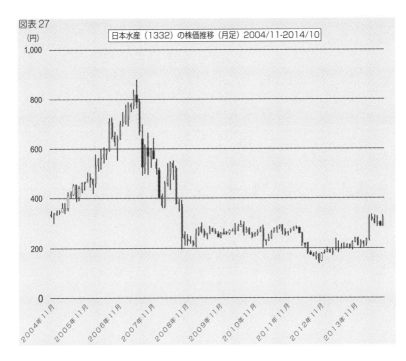

図表27
(円) 日本水産（1332）の株価推移（月足）2004/11-2014/10

　10年間の株価チャートからは、2014年10月の株価は、まだ、低い位置にあるといっていいでしょう。

　PERについては、当時の2015年3月期の会社予想ベースで10倍前後で、こちらも割安な水準でした。

　ちなみに、日本水産（1332）の株式の買付けについては、私にしては珍しく、迅速に動いていて、日本経済新聞の記事をみた2日後には株式を買付けていました。

　普段は、株価が十分に割安な水準にあったとしても、しばらく様子をみたりしていることもありますし、また、買付けたい株式の会社に将来の成長イメージを持っていて、売上高推移等が順調だったとしても、株価がやや割高な水準にあり、株価の下落を待っていることが多かったりするのですが、私

にしては、珍しいケースでした。

　以上、日本水産（1332）の株式買付けについての検証は、これで終わりです。全体としても、問題はなかったといえるでしょう。

8-5.　エフオン (9514) の 取引の概要

　最後は、エフオン（9514）です。

　再生可能エネルギーである、木質バイオマス発電を主力としている会社で、もともとはファーストエスコ（9514）という社名でしたが、2016年10月に商号変更を行って、現在の社名になりました。

　政府（経済産業省）が、2012年7月に導入した、再生可能エネルギー固定価格買取制度（FIT）によって、太陽光発電や風力、バイオマスといった、再生可能エネルギーによって発電される電気が、固定価格で販売できるようになったこともあり、より強く、注目するようになりました。

　ビジネス（事業）において、製造したら必ず販売でき、しかも、固定価格で販売できるというのは、極めて恵まれた状況といえるためです。

　これまでと同様、≪図表28≫のチャートをみて、取引全体の流れを把握してください。

　チャートは、2014年1月から2020年10月までのエフオ

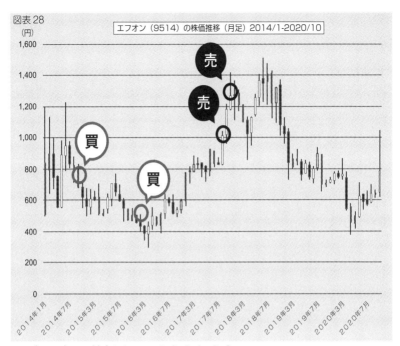

図表28
（円）
エフオン（9514）の株価推移（月足）2014/1-2020/10

ン（9514）の株価チャートとなります。

　2014年9月に買付けた後、株価が下落したこともあり、約1年後の2015年12月に買い増しをしています。その後、株価が反転し、時間をかけて上昇を続けていく途中の、2017年の8月と10月に、それぞれ一部ずつを売却しています。

　取引等の詳細については、≪図表29≫の表にまとめてあります。

　表にもありますが、2018年7月に1株を1.2株にする株式分割を実施していています。そのため≪図表29≫の表は株式分割前の情報について、株式分割の影響を調整しています。

　また、エフオン（9514）の初回の買付け分については、すでに売却済みで、2015年12月に買い増した分についてのみ、NISAの非課税期間を延長（ロールオーバー）しています。

図表29

日付	売/買/他	単価	数量	金額	損益
2014/09/12	買	759	240	184,900	
2015/09/07	配当金	2.50	240	600	600
2015/12/01	買	488	360	178,608	
2016/09/07	配当金	4.17	600	2,500	2,500
2017/08/28	売	1,024	120	120,200	27,700
2017/09/07	配当金	6.67	600	4,000	4,000
2017/10/05	売	1,292	120	152,300	59,900
2018/07/01	株式分割	1:1.2			
2018/09/06	配当金	8.00	360	2,400	2,400
2019/09/05	配当金	8.00	360	2,880	2,880
2020/01/01	ロールオーバー	748	360	269,280	90,672
2020/09/07	配当金	8.00	360	2,880	2,880
2020/10/31	時価評価	785	360	282,600	13,320

エフオン（9514）の取引に関しては、2020年10月末現在で、株式を買付けた合計金額の363,508円に対して、2回の売却の計272,500円、配当金の計15,260円、あわせて287,760円しか回収できておらず、買付金額全額を回収できているわけではありません。

ただし、買付けた株数の半数超を、まだ保有していて、その2020年10月末時点のポジションの時価（＝株価×株数）が282,600円となりますで、私のこれまでの損益状況については、

-363,508円 +287,760円 +282,600円 =206,852円

のもうけとなっています。

8-6.　エフオン (9514) の
　　　初回買付けの検証

　エフオン（9514）に関しては、2014 年 9 月の初回の株式
買付けについてのみ、銘柄選びと、買付けのタイミングの模
索の面から、検証していきます。

　エフオン（9514）の情報源は、cotta（3359）と同様、実
質的には、（東京証券取引所の）過去の新規上場会社情報の
一覧表と同じといえ、私が、証券会社で、新規上場会社につ
いてのデータベースを作成していたときから目をつけてい
た、ちょっと昔の新規上場会社です。

　エフオン（9514）の事業内容は、バイオマス発電事業と省
エネルギー支援事業です。

　もともとは、省エネルギー支援事業からスタートしていま
したが、2004 年頃からバイオマス発電事業を開始するため
の準備を始め、2006 年に発電所が稼働、今では、売上高の
大部分を占めるに至っています。

　再生可能エネルギー固定価格買取制度（FIT）により、発
電したら、確実に固定価格で販売できるという、ビジネスの
不確実性がほとんどない事業環境のもとで、新しいバイオマ
ス発電所を大分県に建設する計画を進めているところに、将
来の成長イメージを感じて、株式を買付けてみようと考えま
した。

そうなってくると、次は、売上高推移や直近のフリー・キャッシュ・フローのチェックです。

《図表30》の表は、エフオン（9514）の2015年6月期の有価証券報告書に基づいて作成したものです。なお、エフオン（9514）については、業績とバイオマス発電との関係をわかりやすくするため、表に発電所の数と発電出力の合計を加えています。

株式を買付けた2014年9月時点では、2014年6月期以前の4期分しか認識できませんでしたので、まずは、2011年6月期から2014年6月期までをみてください。

売上高推移については、2012年6月期から2014年6月期までにかけて、増加していっており、まずまず、問題はないようです。

図表30

決算年月		2011年6月	2012年6月	2013年6月	2014年6月	2015年6月
売上高	（百万円）	6,452	5,576	6,063	7,622	7,049
経常利益	（百万円）	130	187	483	1,385	1,447
当期純利益	（百万円）	△ 1,143	250	190	1,584	966
…						
営業CF	（百万円）	1,203	1,461	1,638	2,509	2,457
投資CF	（百万円）	175	37	△ 835	△ 16	△ 2,804
財務CF	（百万円）	△ 1,111	△ 1,460	△ 1,004	△ 1,807	3,113
現金等期末残高	（百万円）	426	464	262	949	3,715
…						
FCF	（百万円）	1,378	1,498	803	2,493	△ 347
発電所数	（基）	2	2	2	2	2
発電出力	（kW）	24,100	24,100	24,100	24,100	24,100

　フリー・キャッシュ・フローについても、直近の 2014 年
6 月期は黒字となっています。

　ただし、実は、ここで、問題があります。

　売上高推移に関して、私は、第 6 章で、売上高については、
まだ終わっていない、次の 1 年間の会社予想も、決算短信で
チェックすることにしていると述べました。

　すると、ここでも、2015 年 6 月期の売上高も含めて、売
上高推移をチェックしているはずです。

　今更ながら、会社のホームページで確認したところ、2014
年 9 月時点で認識できる、その当時の最新の 2014 年 6 月期
の決算短信には、2015 年 6 月期の売上高の予想が記載され
ていて、それは、ちょうど 70 億円でした。≪図表 30 ≫の表
の数字とほぼ同じです。

　そこまで数字を把握していたら、その時点で、エフオン
（9514）に関しては、一旦、見送りとしておくのが当然だっ
たでしょう。

　エフオン（9514）は、私の今回の長期投資において、初め
て買付けた株式銘柄です。そのためか、その頃は、まだ、「私
の株式投資のフロー」が、詳細までは固まりきっていなかっ
たように思われます。

　≪図表 28 ≫のチャートのように、エフオン（9514）の株
価は、初回の買付け以降、1 年半もの長期間にわたって、下
落を続けることとなりますので、悔やまれるかといえば、悔
やまれる部分があります。

そして、株価チャートとPERに基づく、買付けタイミングの模索です。

　≪図表31≫のチャートが、私が、エフオン（9514）の株式を買付けた2014年9月より前の10年間の株価チャートです。

　エフオン（9514）は、2005年3月に株式を上場しており、2014年9月時点では、上場してから10年を経過していませんでしたが、株価チャート上では、株価は低い位置にあるといえるでしょう。

　ただし、上場後の株価推移をみるに、上場「直後」の株価水準は異常値のようにみえます。あらためて考えると、この

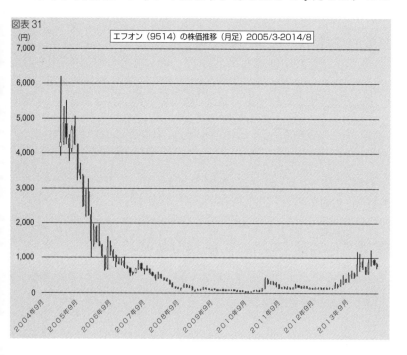

図表31

株価チャートから、株価が割安かどうか、判断するのは、やや危険な感じがします。

PER については、当時の 2015 年 6 月期の会社予想ベースで 11 倍前後と、まずまず割安な水準でした。

以上、エフオン（9514）の、初回の株式買付けについて検証してみました。

ひとつ残念だったのが、2014 年 6 月期の決算短信における 2015 年 6 月期の会社の業績予想で、売上高が減少傾向であったのに、買付けにいってしまっているところでしょう。

また、エフオン（9514）の、2014 年 9 月より前の 10 年間の株価チャートで、株価が割安かどうかを、判断するのが適切だったのかという点についても疑問が残る感じです。

8-7. ［参考］新規上場前後からの株価推移の実例

第 6 章で、銘柄選びの情報源として、「東京証券取引所の新規上場会社情報」を紹介した際に、これから株式投資を始めようとしているような人は、新規上場「直後」の取引は控えた方がいいと述べました。

そして、先ほど、エフオン（9514）の、上場「直後」の株価水準は異常値かもしれず、2014 年 9 月より前、10 年間の株価チャートをみて、株価が割安かを判断するのが、適切だったのかと疑問を呈しました。

今となっては、ずいぶんと昔となってしまいましが、ここでは、エフオン（9514）の、上場前後からの株価推移を題材に、新規上場「直後」の取引の危険性について考えていきたいと思います。

≪図表32≫の表をみてください。

表は、エフオン（9514）の株価について、株式の上場前から2020年10月末現在までの推移を、倍率で示したものです。縦軸の株価を、1とした場合に、横軸の株価が何倍なのかを示したものとなります。

≪図表31≫のチャートも、あわせてみてもらえればと思いますが、上場して、初値は公開価格の3倍超、その月のうちに、株価は5倍近くの最高値をつけた後は、ずっと、5、6年間にもわたって下落を続けていっています。

最安値は、2010年11月につけていますが、公開価格からみると38分の1、初値からみると127分の1、最高値からみると190分の1の水準となっています。

最高値がついているということは、そこで取引が成立して

図表32

	公開価格	初値	最高値	最安値	2014年8月終値	2020年10月終値
公開価格	1.0000	3.3333	4.9600	0.0262	0.6273	0.6280
初値	0.3000	1.0000	1.4880	0.0078	0.1882	0.1884
最高値	0.2016	0.6720	1.0000	0.0053	0.1265	0.1266
最安値	38.2166	127.3886	189.5541	1.0000	23.9745	24.0000
2014年8月終値	1.5940	5.3135	7.9065	0.0417	1.0000	1.0011
2020年10月終値	1.5924	5.3079	7.8981	0.0417	0.9989	1.0000

いて、最高値で買付けた人が確実に存在するということです。
それが、もし自分だったらと考えたら、ゾッとしませんか。

　一方で、第6章で、株式の新規上場時に、初値がついてか
らも、さらに株価が上昇していくケースもまれにあることを
述べました。

　エフオン（9514）の場合はどうでしょうか。

　≪図表31≫のチャートから、上場したその月に、最高値
をつけていることがわかります。さらに、≪図表32≫の表
から、最高値は、初値から50％近く上昇していることがわ
かります。

　1か月経たないうちに、50％近くの値幅が取れるのは、大
きなチャンスともいえるのではないでしょうか。

　そのうえ、新規上場「直後」は、株式の売買が極端に活発
になっていて、大きな金額での取引もできますので、短期売
買をメインにしている経験豊富な投資家の一部の人々が、短
期的な大もうけを狙って参戦していたのだと思います。

　ただし、エフオン（9514）の場合は、売却（ときには、損
切り）のタイミングを逃してしまうと、凄まじい勢いでの下
落が待っていました。

　以上が、新規上場前後からの株価推移の実例で、値幅の大
きさは別として、新規上場「直後」に株価が高騰して、その
後、長期間にわたって株価が下落していくという株価推移の
典型的なパターンです。

　新規上場「直後」の取引の危険性についての、ケーススタ
ディとなったでしょうか。

また、上場「直後」の株価水準は異常値かもしれず、エフオン（9514）の2014年9月より前の10年間の株価チャートをみて、株価が割安かを判断するのは適切だったのかという疑問については、私が、エフオン（9514）の株式を買付けた2014年9月の前月では、公開価格からみて、4割弱の下落といった水準まで戻ってはいたのですが、株式上場「直後」の初値や、最高値といった、異常値ともいえるような株価と比較しての株価水準の判断は、やはり、難しい面があったように考えています。

◆ Episode 8. ◆ もうかるディーラーは「場立ち」出身？

今回は、私が属していた株式ディーリングのチームには、「場立ち」出身者が多かった、というお話です。

「場立ち」とは、証券取引所の立会場で、手サインを使って売買注文を伝達する証券マンのことです。

当たり前のことですが、大昔、例えば、100年前には、コンピュータがありませんでしたので、株式の取引も、人と人とのコミュニケーションで成立させていました。そのコミュニケーションの仲立ちを担っていたのが「場立ち」の人々です。

ちなみに、東京証券取引所は、1999年4月に立会場をなくし、「場立ち」による株式取引を廃止しており、現在では、すべてコンピュータによる株式取引になっています。

私が属していた株式ディーリングのチームには、8名のディーラーが所属していたのですが、そのうち、4名が「場立ち」出身者でした。「天才」の教育担当者も、「株式投資の神様」たる上司も、「場立ち」出身です。

教育担当者から教えてもらったのですが、「場立ち」のときから株式のディーリングをやっていたそうで、顧客の注文を受け取ると、注文をつけあわせるポストにいって、顧客の注文を伝達するのですが、その際に、明らかに注文が殺到していて、混雑しているポストにいくときには、「自分の注文もだし」ていたのだそうです。この「自分の注文をだす」といのうが、ディーリングです。

このようにコンピュータを通した、ある意味、無味乾燥な、抽

象化されたディーリングだけでなく、実際に、自分の足と体で、揉みくちゃにされながらの、具体性のあるディーリングを経験してきたことが、その後のディーリングでもうけることに、大きく役立っているのではないかと思います。

　通常、証券会社のエクイティ・ディーリング部門の、人の出入りは極めて激しいのですが、「場立ち」出身の4名は、長い間、ずっとディーラーを続けることができていました。

第 9 章
実際の株価の動きと
その要因分析

9-1. 2014年から2020年までの株式相場全体の動き

　第8章では、私が実際に取引した株式銘柄の中から3銘柄をピックアップして、これまでの取引の概要を紹介したうえで、初回の買付けについて検証しました。

　この章では、同じ3銘柄に関して、初回の買付け以降の、株価の動きの要因について、私なりに分析していきます。

　株価の動きの要因分析については、できるかぎり客観的に分析するよう心がけていますが、私自身が取引主体であることから、「恨み節」であったり、「願望」であったりの、私の主観も入ってしまうと思います。その分については、ある程度考慮に入れて、読み進めてもらえればと思います。

　また、どのような要因で株価が動くのかについて知見を深めていくことは、銘柄選びにおける、判断のための土台作りに役立つことにもなるだろうと考えていますので、実際に、自分が、買うのか、売るのか、保有を続けるのか、といったことをイメージしながら、読んでもらうといいかもしれません。

　前提として、事前説明しておいた方がいいと思うことがあります。それは、対象期間の「株式相場全体の動き」と「株

価の変動要因についての私の考え方」についてです。

　まずは、2014年から2020年までの日本における株式相場全体の動きについて説明します。

　≪図表33≫のチャートは、2014年1月から2020年10月までの日経平均株価の推移をあらわしたものです。

　上下の振れ幅がかなり大きいですが、約7年間で、日経平均株価は、概ね、16,000円から24,000円まで上昇しています。

　2014年の前は、アベノミクス相場の始まりの時期で、旧民主党政権から第2次安倍政権へ移行する過程における、衆議院解散、総選挙がありました。その頃の、2012年11月の日経平均株価は9,000円前後だったのですが、そこから1年

図表33

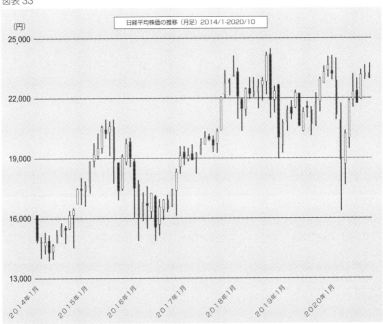

後の 2013 年 12 月には、16,000 円を超える水準まで急激に上昇しています。

　逆に、そのような急激な上昇があった後だったこともあり、高値を警戒してしまって、株式を買付けにいくのは難しい面もあったのかもしれませんが、それでも、高値圏の 24,000 円台をつけた 2018 年 1 月頃までは、株式を買付けて、もうけをだしやすい環境であったように思われます。

　もっとも、2018 年 1 月以降は、24,000 円台前半くらいが天井となって、それより上には日経平均株価が上昇しないまま、大きく下振れすることもあり、株式を買付けたり、それらの保有を続けたりするのは、それなりに苦労することが多かっただろうと推測できます。

9-2.　株価の変動要因についての私の考え方

　次の事前説明は、株価の変動要因に対する、私なりの考え方についてです。

　私は、直接的には、株価は「需給」で決まると考えています。
　どういうことかというと、ある株式を今よりも高い株価でも買いたい人々がいて、それらすべての人々の、買いたい株数の総量が、今よりも安い株価でも売りたい人々の、売りたい株数の総量を上回っている場合に、株価は上昇し、下回っている場合は、株価は下落するということです。

　それでは、直接的な株価の変動要因が「需給」だとして、さらに、どういった要因で、ある株式を今よりも高い株価でも買いたい人々（と買いたい株数の総量）が増えて、または、今よりも安い株価でも売りたい人々（と売りたい株数の総量）が増えるのでしょうか。

　私は、大きくふたつの要因に整理するのが、わかりやすいだろうと考えています。

　ひとつは、ある株式銘柄だけでなく、すべての株式銘柄に共通するような「経済全体、株式相場全体に関する要因」であり、もうひとつは、「個別銘柄に特有の要因」です。

　「経済全体、株式相場全体に関する要因」とは、例えば、2020 年 2 月からの新型コロナウィルスの感染拡大による、世界的な大混乱であり、このような事態を目の当たりした投資家で、新しく株式を買い増そうとする人はまれで、逆に、大多数が、すでに保有している株式を売却して損失を限定させようとする行動をとったことが、2020 年 2 月下旬から 3 月にかけての、世界の株式相場全体の大暴落につながったといえるでしょう。

　≪図表 33 ≫の日経平均株価のチャートでも、2020 年 2 月下旬から 3 月にかけて、23,000 円台から、一時的に 16,000 円台まで急落しています。

　新型コロナウィルスの感染拡大に伴う、世界の株式相場全体の大暴落は、「経済全体、株式相場全体に関する要因」の最大級のものであり、ほぼすべての株式銘柄に対して、株価

暴落という、同じ方向への影響を与えたように思います。

　ただし、そのような最大級の要因は、あくまでレアケースであり、日常は、その日その日で、もしくは、数週の間など、日本の株式相場全体が、上昇基調であったり、下落基調であったり、というのがほとんどです。

　そのようなケースでは、株式相場全体の動きにすべての株式銘柄の株価が連動するわけではなく、「個別銘柄特有の要因」によって、株価が大きく動いている株式銘柄があり、日経平均株価が大幅に下落する中、個別銘柄の株価が大きく上昇していたりすると、逆行高といって、もてはやされたりします。

　「個別銘柄特有の要因」とは、決算発表や、業績修正など、業績に関するものであったり、新規事業の開始や、他社との業務提携のニュースであったり、様々です。

　そして、「個別銘柄特有の要因」には、その結果、株価の上昇（もしくは、下落）が長く続いていくものと、一時的で終わってしまって、すぐに、もとに戻ってしまうものがあります。

　私は、株価の上昇（もしくは、下落）が長く続いていくような値動きを、ホンモノの値動きとして、一時的な値動きを、ニセモノの値動きとして、区別して、その後の株価の動きを予想していますが、概ね、業績に関する要因が、ホンモノの値動きにつながっていくことが多く、それ以外は、たいてい、ニセモノの値動きとなるような印象を持っています。

　ただし、他社との業務提携が発表されて、短期的には、株価が上昇して、すぐに戻るといったニセモノの値動きとなったとしても、それから、ずっと後になって、その業務提携が会社の業績を大きく押し上げるようになって、ずっと株価が上昇していくといったホンモノの値動きをみせるようなことは、普通にあると思っています。

9-3.　新興市場株・小型株

　株価の変動要因について、「経済全体、株式相場全体に関する要因」にも、「個別銘柄特有の要因」にも、分類できないような変動要因があるので、これを補足させてください。

　それは、ある日の1日や、2か月といった長めの期間でも、みられることですが、投資家の新興市場株・小型株への投資（買付け）意欲が強かったり、逆に、見切り売り（損切り）が続いたりすることがあるということです。

　個別銘柄特有というわけではなく、株式相場全体の中での、投資対象の選別の方向性という意味では、「経済全体、株式相場全体に関する要因」に含めてもよさそうですが、株式相場全体が弱く、日経平均株価が下落しているようなときでも、新興市場株・小型株の一部の株式銘柄群が、大きく上昇していることが（もちろん、逆も）よくありますので、悩ましい感じです。

　ここで、新興市場株・小型株の、正確というか、正式の定義を説明しておきます。

まず、新興市場とは、新興企業（ベンチャー企業）向けの株式市場のことで、日本では、東京証券取引所の「東証マザーズ」（約300銘柄）や「JASDAQ」（約700銘柄）、名古屋証券取引所の「セントレックス」、札幌証券取引所の「アンビシャス」、福岡証券取引所の「Q-Board」が該当します。

　そのため、新興市場株とは、上記の新興市場に上場されている株式のことです。

　そして、小型株は、東証一部（東京証券取引所市場第一部）の、大型株・中型株に含まれない全銘柄のことをいいます。だいたい、1,700銘柄弱くらいです。

　大型株とは、東証一部の株式銘柄の中から、時価総額と流動性が高いものとして選定された上位100銘柄の株式のことであり、中型株とは、大型株の次に、時価総額と流動性が高いものとして選定された上位400銘柄の株式のことです。

　この他、東証二部（東京証券取引所市場第二部）の株式銘柄（約500銘柄）や、名証二部（名古屋証券取引所市場第二部）の株式銘柄などがあります。

　ただ、一般的に、新興市場株・小型株、大型株という用語は、人によっては、かなりラフに使用されていることもあり、新興市場株＝東証一部以外の株式銘柄、大型株＝東証一部の株式銘柄といった定義で使用されていることがあったりします。一応、知っておいた方がいいでしょう。

9-4. cotta(3359) の株価の動きとその要因

　ようやくですが、この章の本題に入っていきましょう。
cotta（3359）の株価の動きとその要因についてです。

　まずは、第 8 章の≪図表 20≫の cotta（3359）の株価チャートと、この章の≪図表 33≫の日経平均株価のチャートを、みくらべてもらえればと思います。

　ふたつのチャートは、同じ期間のものですが、全体としては、まったく違う形状になっていることがわかるでしょう。

　一方で、完全に同じというわけではないのですが、一部分だけの、上昇と下落の方向性については、似ているところをみつけることができるかもしれません。

　例えば、2020 年に入ってからの、2 月、3 月の大暴落と、それ以降の戻りです。cotta（3359）に関しては、戻りどころか、大幅に上昇していっているので、値幅は、全然違っていますが、上下の方向性だけに着目してください。

　このあたりが、株価の変動要因のうちの、「経済全体、株式相場全体に関する要因」による影響といえます。それらは、日々の動きのなかで、何らかの影響を与えてはいるはずですが、長い目で、全体としてみると、結局、チャートは、全然違う形状になっていますので、長期では、株価の変動は、「個別銘柄特有の要因」によるところの方が大きいといえるで

しょう。

　cotta（3359）の株価の動きですが、私が買付けて以降は、2017年に入るまでは、横這いで推移しているようにみえると思います。

　ただ、実は、2015年の年末に、受渡ベースの年内最終取引日にかけて、新興市場株・小型株の一部の株式銘柄群の多くが売られて、安値をつけにいくといった動きがあったこと、2016年の1月から2月にかけて、中国株式市場の大混乱や、原油価格の急落などのため、日本の株式相場全体が急落を繰り返したことから、2016年2月には、買付けたときの株価から約24％下落した安値をつけていたりします。

　cotta（3359）の株価が上昇し始めるのは、2017年8月頃からです。

　2017年8月に、会社が2017年9月期の業績予想の上方修正を発表したのですが、これをきっかけに、株価は、1年にわたって上昇を続け、一時的に、業績予想の上方修正を発表する前の株価からみて3倍を超える水準まで上昇しました。

　≪図表34≫の表をみてください。

　表は、cotta（3359）の、現時点（2020年10月現在）での、最新の有価証券報告書に基づいて作成したものです。

　2017年8月当時は、もちろん、2016年9月期までの情報しか、認識できなかったはずですが、ここでは、2016年9月期と2017年9月期との、売上高と経常利益をみくらべて

図表34

決算年月		2015年9月	2016年9月	2017年9月	2018年9月	2019年9月
売上高	（千円）	4,488,856	4,853,765	6,034,188	6,278,023	6,399,923
経常利益	（千円）	177,837	202,317	330,051	378,619	350,018
当期純利益	（千円）	237,779	163,019	239,657	341,419	225,690
…						
営業CF	（千円）	271,804	203,142	177,577	354,492	144,165
投資CF	（千円）	△ 16,827	△ 164,070	△ 84,177	85,050	△ 52,406
財務CF	（千円）	92,064	3,705	△ 146,336	△ 351,789	△ 32,508
現金等期末残高(千円)		1,070,402	1,113,178	1,060,243	1,147,995	1,207,246
…						
FCF	（千円）	254,977	39,072	93,400	439,542	91,759

ください。

　どちらも、かなり大幅に増加しています。

　2017年8月の上方修正の発表では、売上高については、もともと大幅増収の従来予想58.4億から、さらに積み増した60億円への上方修正、経常利益については、従来予想2.1億円から、3.2億円への、50％超の大幅な上方修正となっていました。

　その背景には、2016年10月に開始した、お菓子・パンづくりの動画の配信が好評で、インターネット通販（EC）サイト「cotta」の知名度が向上し、それが利用拡大につながったことがあったようです。

　ともかく、この業績の大幅な拡大が、1年にわたる株価の大幅上昇につながりました。

　株価の変動要因の「株式銘柄特有の要因」うち、業績に関

するものは、常にではありませんが、まれに、こういったホンモノの値動きにつながっていくことがあります。

　あくまで、私の印象にすぎないのですが、他の要因と比べると、業績に関する要因の方が、ホンモノの値動きにつながっていく確率が明らかに高いように思っています。

　私が、銘柄選びにおいて、会社に対して将来の成長イメージが持てるかどうかを重視し、そして、財務諸表で、売上高推移をチェックしているのは、私の経験上、業績に関する要因による方が、ホンモノの値動きにつながっていくことが多かったという実感から、株価は、最終的には、会社の業績に収束していくという前提（仮説）に立っているためです。

　2018年7月以降は、cotta（3359）の株価は、継続的に下落していくこととなります。

　それまで、1年間で3倍超まで上昇し、さすがに上昇しすぎた面があったからかもしれません。

　加えて、2018年10月頃からは、米中貿易戦争によって世界景気が後退に陥る懸念などから、株式相場全体に弱気ムードがひろがり、日本の株式相場全体が12月にかけて暴落するという「経済全体、株式相場全体に関する要因」があったことも、下落に拍車をかけたといえるでしょう。

　2020年に入ってからも、cotta（3359）の株価は、2月、3月と、大暴落しました。

　これは、もちろん、世界的な新型コロナウィルス感染拡大

の影響によるもので、前述のように、日経平均株価も大暴落しており、「経済全体、株式相場全体に関する要因」によるものといえます。

　ただ、cotta（3359）には、「株式銘柄特有のマイナス要因」もあって、ダブルパンチの状態であったことも、つけ加えておきます。

　もともと、2019年11月に発表した2019年9月期の決算短信で、2020年9月期の業績予想を、中期経営計画策定中のため未定としていたのですが、それが、将来の業績に対する期待感を高めていた面があった中で、2020年3月に中期経営計画と同時に発表された2020年9月期の業績予想が、広告宣伝費などの先行投入のため経常損益が赤字に転落するというもので、大きな失望を招いたのです。

　ところが、cotta（3359）の株価は、4月から、V字回復どころか、下落前の水準、直近の高値である2018年7月頃の水準を、さらに突き抜けて、上昇を続けていきました。

　4月に入って、新型コロナウィルス感染拡大に伴う自粛要請の中で、自社ECサイト「cotta」の利用が拡大し、その2020年3月の売上高が前年同月比30％増となったことを会社が発表し、株価が3月終値の倍を超えました。

　さらに、5月になると、同じく、2020年4月の自社ECサイト「cotta」の受注金額が前年同月比70％増で、過去最高を記録したことを発表するなど、新型コロナウィルス感染拡大に伴う自粛要請の中での、巣ごもり消費関連銘柄の一角と

して注目されだしたこともあって、かつてない上昇ペースで、株価は半年間も上昇を続けていきました。

やはり、業績に関する「株式銘柄特有の要因」はホンモノの値動きにつながっていきやすいと、再確認させてもらった値動きでした。

話はかわりますが、私は、cotta（3359）の株式を、2017年8月と2018年3月に、まずは半分、ついで残りのうちの半分を売却していますので、それらについても説明しておきたいと思います。

最近は、買付けについても、その傾向が強まってきていますが、私は、株式の売却を、かなり機械的に行っています。

初めての売却については、買付金額を回収するために、株価が買付けたときの倍を超えた時点で、保有株数の半分を売却しました。

さらに、株価が倍になりましたので（買付けたときの4倍超え）、さらに、残りの保有株数の半分を売却しているだけです。

最後に、cotta（3359）の株価のこれからの見通しと、今後の投資方針について、説明しましょう。

今後の、cotta（3359）の株価の動きについて、私は楽観していて、買付けたときの株価からみて、少なくとも10倍は超えてくれるだろうと考えています。

主な理由は、2020年6月に、2020年9月期の業績予想の

大幅な上方修正を発表していたり、10月に、2020年7月から9月までの売上高が前年同月比40%増となったことを発表していたりで、2020年9月期も、売上高の大幅な増加が見込まれ、今後も売上高の増加傾向が継続すると期待できるためです。

さらに、ECサイト「cotta」だけではなく、世界でも、日本でも、もともとEC利用の拡大が進んでいくと見込まれていた中、今回の新型コロナウィルス感染拡大の影響によって、EC利用の拡大が、さらに、加速していくと予想されることが、ECサイト「cotta」、及び、会社としてのcotta（3359）にとって、追い風になっていくと思われます。

私は、今後、cotta（3359）の株価がどう動くかは、よくわからないのですが、買付けたときからみて10倍を超える水準、1,600円か1,700円くらいまできたら、保有株数の一部のみを売却しようと考えています。

そうなるまでは、「永遠に」放置のつもりで静観していく方針です。

9-5. 日本水産 (1332) の 株価の動きとその要因

　続いて、日本水産（1332）の株価の動きとその要因についてみていきましょう。

　再び、第8章の《図表24》の日本水産（1332）の株価チャートをみてください。

　日本水産（1332）の株価の動きですが、私が買付けて以降、しばらくは横這いで推移していました。

　そして、1年後の2015年12月になって、突然、400円台前半から600円台後半まで株価が急騰します。

　2015年12月後半に、会社が医薬品原料としてのEPA（青魚由来の健康成分）の工場を新設すると発表し、さらに、そのすぐ後に、2社の証券会社の株式アナリストが、工場新設も加味して、投資評価を引き上げたことが、きっかけでした。

　アナリストが投資評価を引き上げた日の、日本水産（1332）の株価終値が486円だったのに対して、アナリストの目標株価は、いずれも900円を超える水準だったこともあって、翌営業日に株価は「ストップ高」、その後も大幅高が続いていきました。

　それをみて、私は、翌年2017年の大発会（年明けの株式取引営業日の初日のことをいいます）の寄付（「よりつき」と読みます、最初の取引のことです）で、日本水産（1332）

の株式を売却しました。

　ちなみに、このときの売却も、機械的に行っただけのものです。もともと、保有株数500株中の300株を売却することで、買付金額を回収しようと考えていたのですが、それが実現できるところまで株価が上昇してきましたので、売却したといったところです。

　ただ、株価の上昇自体が急激だったことに加え、2016年の1月から2月にかけて、中国株式市場の大混乱や、原油価格の急落などのため、日本の株式相場全体が急落を繰り返したこともあり、日本水産（1332）の株価も急速に下落していきました。

　格好とすれば、日本の株式相場全体の急落という「経済全体、株式相場全体に関する要因」による株価の下落のようにもみえます。

　確かに、その影響も、もちろん、あったと思います。

　しかし、2015年12月からの上昇は、EPA（青魚由来の健康成分）の工場新設の会社発表があったとはいえ、アナリストが投資評価を引き上げこともきっかけでした。

　そして、そもそも、アナリストが絡む「個別銘柄特有の要因」のだいたいが、まやかしであり、そのほとんどが、ニセモノの値動きにつながっていくという印象を、私は、持っていたりします。

　2016年6月に、日本水産（1332）の株価は、再び、急落

しました。

　英国の EU 離脱を問う国民投票おいて、離脱派が勝利するという歴史的な出来事が起こり、日本の株式相場全体も暴落するという「経済全体、株式相場全体に関する要因」のためでした。

　そして、2016 年 8 月には、日本水産（1332）の「個別銘柄特有の要因」によって、さらに急落しています。

　会社が、8 月後半に、公募増資を発表したことから、発表直前の終値 525 円から安値の 420 円まで、最大で 20％の株価下落にみまわれたのです。

　公募増資とは、上場会社が、不特定多数の投資家に対して、株式を発行することによって資金調達をすることです。

　株式の数が増える結果として、1 株当たり当期純利益などの、理論上の株式の価値が下がってしまうため、実際の株価が下落してしまうのは、ある意味、当たり前のことといえるでしょう。

　例えば、株式の数が増え、1 株当たり当期純利益が減少すると、株価を 1 株当たり当期純利益で割って算出する、PER の倍率が上昇して、株価に割高感がでてくるといった感じです。

　このときは増加する株式数は（最大で）、それまでに発行されていた株式数の 12.7％でしたので、株価もその程度くらい下落するのは仕方のなかったことかもしれませんでした。

　しかし、実際は、株価は 20％も下落してしまっていたこ

ともあり、かつて、証券会社で、上場会社の公募増資等の株式発行をサポートしていた私としては、いささか、疑問の残る公募増資のように感じられました。

なお、このような公募増資などの、エクイティ・ファイナンス関連の「個別銘柄特有の要因」については、理論上は、資金調達によって、集められた資金が、設備投資として投入され、投入された事業から生じる成果によって、1株当たり当期純利益など、理論上の株式の価値を、株式数の増加分によるマイナスの影響を超えて、高めることができるのであれば、株価は上昇し、そうでなければ、株価は下落すると考えられています。

また、実際の値動きとして、公募増資を発表した直後に、株価が急落して、公募増資の手続きが完了する前後から、ある程度の期間が経過すると、株価は、もとに戻っていることが多いという印象を、私は持っています。ただし、これは、大型株や中型株など、そもそも、株式市場で活発に取引がされているような株式だけに、みられる現象かもしれません。

このときの日本水産（1332）の公募増資の資金使途は、約半分は、EPA（青魚由来の健康成分）の工場新設等の設備投資に充てられていたものの、3分の1超が、借入金の返済に回されていたのが、よくなかったのではないか（公募増資の規模を、設備投資分のみにとどめておけばよかったのに）と、個人的には思っていました。

その後、2019年3月くらいまでは、日本水産（1332）の

株価は、上下の動きはあるものの、比較的、上昇トレンドを維持して推移しました。

　これは、日経平均株価の推移にもみられるように、日本の株式相場全体の堅調な地合いに支えられたという「経済全体、株式相場全体に関する要因」によるものとも思いますし、≪図表35≫の表にみられるように、2019年3月期までは、日本水産（1332）の業績も好調であったという「個別銘柄特有の要因」によるものとも思います。

　この他、2018年9月に、米国の会社が、EPA（青魚由来の健康成分）を原料とする医薬品の適用拡大に向けた、大規模臨床試験で、心疾患患者において高度な統計的有意性を確認したと発表しており、日本水産（1332）が製造している医薬品原料としてのEPA（青魚由来の健康成分）への期待が高まったことも、株価の押し上げ要因になっているかもしれ

図表35

決算年月		2016年3月	2017年3月	2018年3月	2019年3月	2020年3月
売上高	（百万円）	637,164	635,953	677,293	712,111	690,016
経常利益	（百万円）	20,696	24,884	24,583	25,358	25,807
当期純利益	（百万円）	12,307	14,216	17,234	15,379	14,768
…						
営業CF	（百万円）	37,395	30,179	28,325	24,693	18,786
投資CF	（百万円）	△ 17,051	△ 7,445	△ 21,540	△ 16,803	△ 29,446
財務CF	（百万円）	△ 23,141	△ 11,517	△ 8,156	△ 15,956	25,942
現金等期末残高(百万円)		14,056	25,181	24,318	16,165	31,647
…						
FCF	（百万円）	20,344	22,734	6,785	7,890	△ 10,660

ません。

ただ、2019年3月を頂点に、日本水産（1332）の株価は、下落を続けています。

2020年に入ってからも、もちろん、世界的な新型コロナウィルス感染拡大の影響という「経済全体、株式相場全体に関する要因」によって、2月、3月と、大暴落し、その後は、日経平均株価が回復していっているにもかかわらず、さらに、下値を切り下げていきそうな勢いです。

日本水産（1332）の株価のこれからの見通しについてですが、私は、悲観的に考えています。

《図表35》の表で、2020年3月期の売上高が、前年比で、減少しているうえ、2021年3月期の会社の業績予想でも、新型コロナウィルス感染拡大を考慮して、売上高が、さらに減少する見通しとなっているためです。

どうやら、家庭用の冷凍食品等の販売は増えるものの、それ以上に、ホテル・レストラン向け水産品・業務用食品の販売の減少が大きくなるようです。

2021年3月期については、正直、仕方のないことだとは思います。

したがって、たとえ、さらに株価が下がってきたとしても、再び、売上高の増加が期待できるようになるまでは、株式を買い増すようなことは考えていません。

そのため、日本水産（1332）の今後の投資方針も、今のところ、とりあえず「永遠に」放置です。

すでに、株式の買付金額を超える、投資資金の回収を実現
できていますので、気楽に長期保有を続けていけます。

　正直、私も、そこまでいくとは、現時点では、とても想像
できませんが、次に売却するとしても、2,000円程度を考え
ています。あったとしても、相当、先は長いと思います。

9-6.　エフオン(9514)の　　株価の動きとその要因

　最後は、エフオン（9514）の株価の動きとその要因につい
てです。

　再び、第8章の《図表28》のチャートをみてもらえれば
と思います。

　エフオン（9514）の株価は、私が初めて買付けた2014年
9月から2016年2月までの、1年半もの間、ほとんど右肩下
がりの下落を続け、買付けたときから6割超も下落してしま
いました。

　エフオン（9514）は、私が、今回の長期投資で、初めて買
付けた株式だったのですが、それにもかかわらず、株価が右
肩下がりで、6割超も下落してしまうのは、あまりにも悲惨
です。自分でいうのも、おかしいのですが、少し可哀想すぎ
るくらいでしょう。

　ただ、これは、私が実際にした取引の結果です。当たり前
のことですが、株式を買付けたからといって、常に、順調に

株価が上昇していくわけではありません。

　私がエフオン（9514）の株式を買付けてから、いきなり、次のような不幸が続きました。

　ひとつは、私が買付けたその9月に、九州電力（9508）が、太陽光発電等の再生可能エネルギーの接続（電力受け入れ）を保留すると発表したことです。

　もうひとつは、翌月の10月に、エフオン（9514）と連想されやすい、再生可能エネルギー関連の会社と発電関連の会社の不祥事が相次ぎ発覚したことです。

　それらについて、少し詳しめに説明しましょう。

　まずは、九州電力（9508）の発表についてです。

　そもそも、太陽光発電や風力、バイオマスといった再生可能エネルギーの発電事業者は、政府（経済産業省）が、2012年7月に導入した、再生可能エネルギー固定価格買取制度（FIT）の認定を受けて、東京電力（9501）、九州電力（9508）といった既存の大手電力会社に、（10年や20年の）一定期間、固定の価格で電力を売却し、収益をあげるというビジネスモデルです。

　一方、既存の大手電力会社は、莫大な電力を、地域に安定的に供給し続けなければなりません。頻繁に、停電が発生してしまっては、社会生活が混乱しますよね。

　そして、電力は、大量に貯めておくことができないそうで、発電と同時に供給していているとのことです。そこで、電力を供給するための枠の範囲内で、電力を流通させているそう

なのですが、その枠の範囲内で、発電し、電力を供給するにあたっては、時間帯や気候の影響によって変動することのない、安定的な電源（ベースロード電源といいます）であることが望ましいようです。

　わかりやすくいうと、太陽光発電の発電事業者が増え、天気がいい日のお昼の時間だけ、どんどん発電して、電力を供給する枠の範囲を超えてしまうと、そこで、大規模停電となってしまうそうなのです。

　当時、とくに（参入が容易であった）太陽光発電に発電事業者が殺到したことによって、莫大な電力を地域に安定的に供給することが求められている既存の大手電力会社が、太陽光発電による電力を受け入れるのには限界がありました。そして、九州電力（9508）が受け入れられないといいだしたのでした。

　ちなみに、バイオマス発電は安定供給が可能なベースロード電源で、太陽光発電のように、安定的な供給ができないものなどではありません。

　そのため、九州電力（9508）の発表で、バイオマス発電の事業者がダメージを受けるようなことはなかったはずだったのですが、エフオン（9514）の株価も、大きく下落してしまいました。

　結局、その後、政府（経済産業省）が固定価格買取制度について見直しに入り、しばらくして、翌年度以降の、固定価格買取制度の太陽光発電の固定価格は大きく引き下げられましたが、バイオマス発電の固定価格は据え置きでした。

　このように、結果としては、バイオマス発電の固定価格は下がらなかったという意味で、エフオン（9514）自体の事業にあまり影響はありませんでした。

　ただし、結果としては影響がないような出来事でも、再生可能エネルギーという連想だけで、株価が大きく下落していくことはよくあります。これこそ、まさに、ニセモノの値動きといった感じです。

　続いて、再生可能エネルギー関連の会社と発電関連の会社の不祥事について説明します。

　再生可能エネルギー関連の方は、エナリス（6079）という会社で、粉飾決算疑惑のネットニュースがでました。

　発電関連の方は、石山 Gateway Holdings（7708）という発電関連事業にも参入しているとされる会社で、証券取引等監視委員会の強制調査を受けました。

　正直、粉飾決算などの不祥事は、あくまで起こした会社独自の問題で、似たような事業の会社で同じことが行われていると考えるのは無理があると思うのですが、それでも、再生可能エネルギーという連想で、エフオン（9514）の株価も大きく下落していきました。こちらも、これこそ、ニセモノの値動きといえると思います。

　ちなみに、エナリス（6079）は、当時、株式を東証マザーズに新規上場して、ちょうど1年くらい経った頃でしたが、粉飾決算疑惑のネットニュースは事実でした。その後、過去に不適切な会計処理があったことを認め、財務諸表等を記載

した有価証券報告書等を訂正して提出しています。

そして、2016年8月に、KDDI（9433）と資本・業務提携、2018年に、KDDI（9433）とJ-POWER（9513）による、共同での株式公開買付けが成立し、KDDI（9433）の子会社となるかたちで2019年3月に上場廃止となりました。

石山Gateway Holdings（7708）についても、元社長を含む役員が、金融商品取引法違反などの容疑で逮捕された後、2015年8月に上場廃止、同11月に事業停止となりました。

その後、エフオン（9514）の株価は、2015年8月から9月にかけて、中国株式相場の大暴落をきっかけに、日経平均株価が高値から20%近く急落するなどの「経済全体、株式相場全体に関する要因」もあって下落し、2015年の年末に、受渡ベースの年内最終取引日にかけて、新興市場株・小型株の一部の株式銘柄群の多くが、売られて、安値をつけにいくといった動きがあったこともあり、下値を切り下げていきました。

さらに、2016年の1月から2月にかけて、中国株式市場の大混乱や、原油価格の急落などのため、日本の株式相場全体が急落を繰り返すという「経済全体、株式相場全体に関する要因」に加え、2月には、東京電力（9501）から、電力受け入れのためにする工事に5年程度の長い期間を要すると説明されたことにより、新設に着手した栃木県のバイオマス発電所の用地選定をやり直さざるをえないという「株式銘柄特

有のマイナス要因」の発表が重なったこともあり、買付けた
ときの株価から6割超も下落した安値をつけてしまったのです。

　ここまで不幸が続くと、逆に壮観です。もっとも、ちっと
もうれしくないですけど。

　ただ、ここまで、ひどい目にあっても、損切りをしたり、
そもそも株式投資をやめたりしなかったのは、ほめてもらっ
てもいい気がします。

　株式を保有し続けられた、ひとつの理由は、エフオン（9514）
の株価下落は、明らかにニセモノの値動きであったり、「経
済全体、株式相場全体に関する要因」によるものであったり、
時間が解決するものであったりして、エフオン（9514）とい
う会社に対する、将来の成長イメージが揺らがなかったため
でした。

　そこには、エフオン（9514）は、2016年秋に稼働予定の
新しいバイオマス発電所を大分県に建設中で、再生可能エネ
ルギー固定価格買取制度（FIT）により、発電したら、確実
に固定価格で販売できるので、その発電所さえ完成してしま
えば、売電収入による売上高の大幅な増加が期待できたこと
があります。

　このような期待ができて、エフオン（9514）という会社に
対する、将来の成長イメージを持ち続けられていたからこそ、
2015年12月に買い増したのです。結果、その直後に、さら
なる急落に遭遇してしまい、さらなる安値をみせつけられた
のですが。

株式を保有し続けられた理由は、もうひとつあります。

　それは、私が、株式を買付ける際に、色々な工夫をしていたためです。すなわち、全損覚悟で、かつ、余力を持ちながら、株式を買付けていたためでした。

　まず、将来使う予定のない、本当の余裕資金で、全損覚悟で、買付けていれば、株価が、いくら下がっても問題ないはずです。

　本当のところをいってしまいますと、買付けた株式の株価が、どんどん下がっていくのは、私も、やっぱり嫌な気分になっていて、心の中は、まったく「問題ないはず」という状態ではありませんでした。

　しかし、本当の余裕資金であれば、少なくとも、資金面では耐えられます。そして、耐えられました。

　そのうえで、余力を持ちながら買付けていれば、例えば、株式を100万円まで保有したいと思ったとしても、最初に、いきなり100万円全額で買付けず、まずは30万円とかで買付けておけば、株価が下がった場合に、行動を選択するための資金を残しておけるのです（必ず買い増すわけではありませんが、再度、買付けを検討して、将来の成長イメージ等に変化がないのであれば、同じ株式を、より安い株価で、買付けるチャンスがきたとも考えられます）。

　こうやって、行動の選択をするための資金を残しながら、少しずつ買付けていけば、必然的に、買付金額が、自分の資金力からみて小さい金額となり、買付けた後に、株価が大き

く下がっても、資金的にも、心理的にも、致命的なダメージまでは受けなくて済むのではないでしょうか。

　逆に、私が、エフオン（9514）の株式を初めて買付けるタイミングで、将来使う予定のある大きめの資金、例えば、300万円でもって、一度に全額買付けていたら、とてもじゃないですが、株式を保有し続けられなかったように思います。借金をして、1,000万円で買付けてしまっていたのなら、なおさらでしょう。

　話が脱線してしまいましたので、株価の動きとその要因に話を戻しましょう。

　エフオン（9514）の株価は、2016年2月に安値をつけてから反転、2017年10月まで上昇を続けました。その後、一旦は調整する場面はありましたが、再び、2018年6月の高値に向けて上昇していっています。

　まずは、安値をつけたその日の取引終了後に、会社が東証二部市場から東証一部市場への一部指定を発表しました。

　その発表の翌営業日は、一時「ストップ高」になるなど、株価は急騰しています。

　エフオン（9514）は、私が、株式を買付けたときは、東証マザーズに株式を上場していて、2015年11月に、東証二部市場への市場変更しています。ただし、東証二部市場へ市場変更のときは、株価は、ほとんど無反応でした。

　ともかく、エフオン（9514）の株価は、東証一部市場への一部指定をきっかけに反転し始めました。

そして、2016年6月の、第4次中期経営計画等の発表から、さらに騰勢を強めていきます。

≪図表36≫の表をみてください。

図表36

(百万円)

	2016年6月期決算短信		第4次中期経営計画		
公表日	2016/08/12		2016/06/16		
決算年月	2016年6月	2017年6月	2017年6月	2018年6月	2019年6月
	実績	会社予想	会社計画		
売上高	6,150	9,000	9,000	9,500	10,000
営業利益	1,300	2,000	2,000	2,400	2,700
経常利益	1,172	1,900	-	-	-
当期純利益	1,880	1,800	-	-	-

会社の中期経営計画では、2017年6月期以降の売上高と営業利益が、大きく増加していく計画となっていることがわかります。

さらに、1年後の2017年8月には、2017年6月期の決算発表後に、第4次中期経営計画に上乗せするかたちの改訂版を公表しています。

≪図表37≫の表をみてください。

図表37

(百万円)

	2017年6月期決算短信		改訂 第4次中期経営計画		
公表日	2017/08/07		2017/08/18		
決算年月	2017年6月	2018年6月	2018年6月	2019年6月	2020年6月
	実績	会社予想	会社計画		
売上高	9,920	10,800	10,800	11,000	12,600
営業利益	2,572	2,800	2,800	2,800	3,200
経常利益	2,305	2,650	-	-	-
当期純利益	2,004	2,400	-	-	-

　改訂の前後で、2018 年 6 月期と 2019 年 6 月期の計画が大きく上振れし、それを上回る 2020 年 6 月期の計画が追加されています。

　そして、≪図表 38 ≫の表が、2016 年 6 月期から 2020 年 6 月期までの、過去 5 年間の業績等（実績）の推移です。なお、2020 年 1 月には、用地選定をやり直した後の、新しい栃木県のバイオマス発電所が稼働しています。

図表 38

決算年月		2016年6月	2017年6月	2018年6月	2019年6月	2020年6月
売上高	(百万円)	6,150	9,920	11,040	11,049	12,218
経常利益	(百万円)	1,172	2,305	2,884	2,600	2,826
当期純利益	(百万円)	1,880	2,004	2,366	2,084	1,757
…						
営業CF	(百万円)	1,977	4,508	3,769	2,866	2,829
投資CF	(百万円)	△ 4,934	△ 3,383	△ 5,492	△ 6,211	△ 7,702
財務CF	(百万円)	976	△ 645	3,192	3,856	4,571
現金等期末残高	(百万円)	1,734	2,214	3,684	4,232	3,931
…						
FCF	(百万円)	△ 2,957	1,125	△ 1,723	△ 3,345	△ 4,873
発電所数	(基)	2	3	3	3	4
発電出力	(kW)	24,100	42,100	42,100	42,100	60,100

　2018 年 6 月までの、エフオン（9514）の株価の堅調な推移は、強気な中期経営計画と、それを上回るような実際の業績推移、会社計画のさらなる上乗せといった、業績の上振れの連鎖によって支えられていたように考えられます。

　やはり、業績に関する「株式銘柄特有の要因」はホンモノ

の値動きにつながっていきやすいといえるでしょう。

　その後、エフオン（9514）の株価は、cotta（3359）と似たような感じで、継続的に下落していきました。

　安値から2年半で、5倍超まで上昇したのです。さすがに、上昇しすぎた面もあったのでしょう。

　2018年10月頃からは、米中貿易戦争によって世界景気が後退に陥る懸念などから、株式相場全体に弱気ムードがひろがり、日本の株式相場全体が12月にかけて暴落するという「経済全体、株式相場全体に関する要因」があったことが、下落に拍車をかけたという点も、cotta（3359）と似たような感じです。

　また、エフオン（9514）は、2019年8月に、2020年6月期から2022年6月期までの中期経営計画を公表しており、その中で、それまで、再生可能エネルギー固定価格買取制度（FIT）の固定価格に、さらに、プレミアムを上乗せして売電できていたのが、将来的に難しくなる可能性を示唆しました。この業績に直結しかねない「株式銘柄特有のマイナス要因」によって、株価がさらに下押したように思います。

　2020年に入ってからは、もちろん、世界的な新型コロナウィルス感染拡大の影響という「経済全体、株式相場全体に関する要因」によって、エフオン（9514）の株価も、2月、3月と、大暴落しました。

　その後、日経平均株価が回復する中、エフオン（9514）の

株価の戻りは鈍かったのですが、10 月に入って、政府が温暖化ガスの排出量を 2050 年に実質ゼロにする目標を掲げ、新たに総理大臣となった菅首相が、就任後初の所信表明演説で方針を示したこともあり、再生可能エネルギー関連銘柄に対する期待が高まり、株価が急伸したところです。

　私は、エフオン（9514）の株式について、すでに、2 回ほど売却していますが、他の 2 銘柄と同様に、売却については機械的に判断しています。

　1 回目の売却は、2 回目の買付けのときの株価の倍になったから、2 回目の売却は、1 回目の買付けと 2 回目の買付けの加重平均の株価である 606 円の倍になったからです。

　エフオン（9514）の株式に関しては、まだ、2 回の買付金額の合計を回収できていませんので、次の売却は、1 回目の買付けの株価の倍となる、1,600 円から 1,700 円くらいをメドに考えています。

　エフオン（9514）の株価のこれからの見通しについて、私は、かなり強気に考えています。

　政府が、温暖化ガスの排出量に関する方針を示したこともあって、ようやく株価が上に向かって動き始めてくれた感じですし、会社としても、現在、和歌山県に、新しいバイオマス発電所を建設中で、2022 年 1 月の稼働予定となっていますので、業績のさらなる向上が期待できるためです。

ただ、ここで、≪図表38≫の表において、2016年6月期以降、ほぼ毎年、フリー・キャッシュ・フローが赤字になっている点に不安を感じる人もいるかもしれません。

　いい気づきだと思います。

　第8章で、cotta（3359）の株式買付けの検証において、やったように、各年度の有価証券報告書で、フリー・キャッシュ・フローが赤字となっている要因を調べてみましょう。

　2016年6月期以降のフリー・キャッシュ・フローの赤字は、2016年8月稼働の大分県のバイオマス発電所、2020年1月稼働の栃木県のバイオマス発電所、2022年1月稼働予定の和歌山県のバイオマス発電所の建設に伴うものです。

　バイオマス発電は、再生可能エネルギー固定価格買取制度（FIT）により、発電したら、確実に固定価格で販売できることから、私は、問題はないものと判断しています。

　エフオン（9514）に関する、私の今後の投資方針については、先ほど説明したとおり、1,600円から1,700円くらいをメドとした売却を考えており、そこまで株価が上昇してくるまでは、とりあえず、放置です。

　この章の終わりに、本書を読んでみて、今後、長期投資にチャレンジしてみようと考えている人向けにメッセージです。

　株式の長期投資で、うまくいかなくなった場合は、是非、私のエフオン（9514）の株式買付けと、2016年2月までの

残念な値動きを、思い出してもらいたいと思います。

　株価の動きは誰にも予測できませんので、投資の結果とし
て悲惨な状況に陥ることは、誰にでもあるということを。

◆ Episode 9. ◆　出来高変化

　私の株式ディーラー時代の Episode のラストは、出来高変化です。

　出来高とは、ある一定期間内に、取引が成立した株数の累計のことをいいます。例えば、1日のうちに、100万株分の取引が成立していた場合の出来高は、100万株となります。

　出来高は、その後の株価の動きを占うためのヒントになることがあり、注目されています。一般的に、出来高が急増した後は、株価が上昇トレンドに入ることが多いとされています。

　「株式投資の神様」たる、私の上司も、銘柄選びに役立てるべく、情報ベンダーの、その日のタイムリーな出来高情報と、前日の1日分の出来高を比較するために、それらを連動させて表示するようなエクセルファイルをつくってもらって、いちはやく出来高変化をつかもうとしていました。

　また、Episode 8. で、「場立ち」時代のディーリング経験が、「場立ち」出身者がもうけることに役立っていると思うと述べましたが、私の教育担当者が、注文が殺到していて、混雑しているポストにいくときに、「自分の注文もだし」ていたといっていたことは、結局、取引が活発になっていた株式を買付けていたということです。取引が活発になれば、当然、取引がたくさん成立することになりますので、結果として、出来高が急増することになるでしょう。取引が活発になっていることを、いちはやくつかんで、本能的に、そして、素直に、それに反応できるか、という点において、「場立ち」出身者は、とても秀でているように、私は感じています。

　ただし、出来高変化は、絶対の法則ではありません。

　例えば、本文の第9章で紹介した、エフオン（9514）の株式の買い増し（2回目の買付け）は、実は、出来高の急増があって、それをチャンスとみたのも、買い増しの理由でした。結果は、第8章の≪図表28≫のチャートのとおりです。

　出来高変化も、どちらかといえば、期間が2週間程度の短期取引に活用する法則であり、その的中率は、半々よりは、高いような気がしますが、必ず、というほどのものではありません。ただ、本当に、株価が上昇トレンドに入った場合は、大きく値幅がでることがあります。

　ですので、短期取引で、逆にいってしまったら、すぐに損切りするつもりで買付けにいって、本当に株価が上昇トレンドに入ったら、できるだけ値幅を取るといったスタンスで取り組むのがいいと思います。

◆終章◆

●本書のまとめ●

　本書では、第1章で掲げた、長期投資は本当にもうかるのか、というテーマから、第2章で、株式保有のリスク等について説明した後、今回、私が実践してきた長期投資について、様々な面から紹介してきました。

　再び、第3章の≪図表4≫の、私の株式投資のフローをみてもらえればと思います。

　本書では、≪図表4≫の、私の株式投資のフローにおける手順とは、異なる順番で説明していますが、まず、第4章で、今回の私の投資スタイルとして、株式を長期保有するために、私がやっている工夫や、作戦について紹介しました。

　そして、第5章で、長期投資のためには、どのような会社の株式を買付けたらいいのか、理論的なところを説明し、続く、第6章で、情報源など、具体的な情報の仕入れ方について紹介していきました。

　第7章では、株式を買付けるタイミングを模索する方法として、株価チャートと株式指標PERの利用法や、それらの限界、注意点などについて説明しています。ただ、株式を買付けた後の株価の動きは、誰にもわからないようなことですので、私自身も苦戦していまして、私自身もこれから調整が必要な分野だと思っています。

　以降は、私が実際に取引をした株式銘柄の中から、cotta（3359）、

日本水産（1332）、エフオン（9514）を取り上げ、第8章では、これら3銘柄に関して、取引の概要について説明し、それらの初回の買付けについて、≪図表4≫のSTEP1からSTEP2までが実践できていたのか、検証してみました。

そして、第9章で、3銘柄に関して、私が買付けた後の、実際の株価の動きを紹介しながら、その変動要因について、私なりに分析してみました。

●長期投資は本当にもうかるのか●

第1章で掲げた、長期投資は本当にもうかるのか、というテーマについての私の結論は、長期投資だからといって、必ずもうかるというわけではない、というものです（なんか、当たり前ですね。「第1章を読み終わった時点でわかっていた」とか、「むしろ、本書を読まなくてもわかっていた」とか、いわれそうです）。

本書を、ここまで読んでくれた人はよくわかっていると思いますが、今一度、本書で紹介した、すべてのチャートをチェックしてもらうと、よりはっきりと理解できると思います。そこには、典型的な右肩上がりのチャートもありましたし、典型的な右肩下がりのチャートもありました。

ようするに、長期投資をするといっても、将来的にもうかる対象へ、将来的にもうかるタイミングで、投資をすれば、もうかるのですが、将来的に損する対象へ、将来的に損するタイミングで、投資してしまえば、損をしてしまうのです。

そして、将来がどうなるのかは、誰にもわかりません。そこは、短期取引でも、長期投資でも、変わりません。むしろ、短期取引の方がすぐに結果がわかる（小さい値幅で損切りできる）面がありま

すし、株式が値動きが激しいという意味で、リスクの大きい資産であることは、本書を読んでくれた人はよくわかっているでしょうから、将来的に損する株式を長期保有することの危険性もよくわかってもらえるでしょう。

　私が、証券会社に、新入社員として入社した時代から、今に至るまで、とくに、公式的な場面においては、長期投資こそが正しい投資手法なのだと、「長期投資の重要性」が繰り返されてきました。それは、支配的な風潮のようであり、神話のようであり、圧力のようなものでもあります。

　そして、そのように「長期投資の重要性」を説く人々の多くが、短期取引は、ギャンブルで、投機なのだから、損してしまう、だから、やってはいけない、というようなことをいってきます。さらに、だから、長期投資をやりましょう、と続けます。

　ただ、将来のことがわからないのは、短期も、長期も、変わりません。

　「長期投資の重要性」を説く人々の多くが、暗に、長期投資なら、もうかるといった文脈（前提）で、色々なことを話してきますが、長期投資だからといって、必ずもうかるわけではないのです。

　だからこそ、私も、長期投資において、本書で紹介したような、工夫や、作戦、考え方や、方法論を、色々と実践してきたといえます。

●メッセージ●

　以上が、本書全体に対する簡単なまとめですが、今回、私が実践してきた長期投資における、工夫や、作戦、考え方や、方法論は、あくまで、取引のやり方の一例にすぎず、絶対的なものではありま

せんし、同じやり方をしたからといって、必ずもうかるといった類のものでもありません。

　ただ、これから、初めて株式投資を始めようとしている人や、株式投資を始めてみたものの、うまくいかずに、どうやったらいいか、途方に暮れているような人に、参考として、このようなやり方もあるといことを紹介しているだけです（ただ、私自身は、自分でも、かなり特徴的で、変わったやり方で、かつ、それなりによくできたやり方だとは思っていますが）。

　株式投資のやり方は、それこそ、無限に存在するようなもので、情報の仕入れ方ひとつとってみても、情報源は、本書で紹介したもの以外に、いくらでもあるようなものですし、短期か長期か、方法論、考え方、判断基準、どの株式指標を重視するのかなど、本当に、様々で、十人十色、千差万別だと思います。

　さらに、社会や、経済が変わっていくように、投資の方法も、これから新しいものが生まれて、その裏で、それまで通用したやり方が通用しなくなるような場面もでてくることでしょう（はっきりいって、過去にもそういったことはありました）。

　私も、株式投資において、まだまだ改善すべき点があり、これから、さらに色々経験することで、自分自身のやり方をブラッシュアップしていくつもりです。

　そのようなことから、私は、本書を読んでくれた人がやっぱり長期投資には興味を持てないといって、短期取引を選択してもらっても、まったく構いません。

　また、これから初めて株式投資を始めようとしていた人が、本書で、株式の値動きの激しさを知り、少し浮世離れした異常な世界であり、近づくべきではないと、株式投資を諦める決断を下しても構

わないと思っています。むしろ、私は、その人のためにも、本書を執筆していたりします。

　ただ、初めて株式投資を始めようとしていた人が、私のやり方に興味を持って、チャレンジしてみたいと思ってくれるようになることも、本書を執筆している目的です。もちろん、メインの目的です。
　そのような人は、最初のうちは、うまくいかないことがほとんどだと思いますので、まずは、本当の余裕資金を準備して、自分の資金余力からみても、小さい金額から始めるのがいいでしょう。
　銘柄数についても、最初は、2、3銘柄くらいまでがいいと思います。
　また、長期投資で時間がかかってしまうため、じれったいことが多いかもしれませんが、時間がかかってしまう分、その時間を利用して、買付けた後も、会社のホームページをみてみたり、株主総会に出席してみたりするなどして、自分で色々な情報を収集して、会社の状況をモニタリングしてみてください。
　本書で、私が紹介したチェック項目は、それだけみていればOKというよりは、少なくとも、それだけはみていた方がいいという、私が最重視している項目です。
　実際のところは、私も、それだけでなく、他の色々な情報をチェックしていたりします（もっとも、最終的な判断は、たいてい、本書で紹介した項目に基づいていますが）。
　そして、ある程度の時間が経って、もうけも積み重なって、慣れや自信がついてきたら、自分の取引経験や、取引での気づきなどを、糧にして、本書のやり方を変化させ、自分なりの投資スタイルへと向上させていってほしいと思います。
　私も、本書を執筆しながら気づかされたのですが、第4章で紹介した、株式を長期保有するために私がやっている工夫や、作戦は、

私が証券会社の株式ディーラー時代に、天才の教育担当者から教えてもらったことを、（そのときは、短期取引だったのですが）長期投資に応用しているだけだったりします。そこを核にして、今回の長期投資における投資スタイルができました。

　株式投資を始めてみたものの、うまくいかずに、どうやったらいいか、途方に暮れているような人、とくに、株式の短期取引に取り組んでいて、大きな損を抱えてしまったような人は、方針転換して、本書を参考に、長期投資に取り組むのもいいかもしれません。

　株式投資の経験者で、すでに、自分自身の投資スタイルを確立して、すでに、大きくもうかっているような人に関しては、紹介した、工夫や、作戦、考え方や、方法論の中から、実際の取引にあたって応用できそうなものが、ひとつでもあれば幸いです。私のやり方も、株式ディーラー時代に教えてもらったものが多いですので、いいと思ったものは、どんどん、自分の中に取り入れてもらえればと思います（ただ、やってみて、あわなかったら、すぐやめましょう）。
　中でも、株式の短期取引で成功している人で、私のやり方について面白いと思われたのであれば、株式の短期取引とは別枠の投資戦略として、長期投資に挑戦してみるのがいいと思います。
　きっと、株式を長期で保有しているからこそわかる、短期取引に役立つ、発見などがでてくるでしょう。

　最後まで長々と書いてしまいましたが、最後はこの言葉で締めたいと思います。

Good luck!
本書を読んでくれた、すべての人に、幸運が訪れますように。

公認会計士ＫＹ（こうにんかいけいしKY）

元証券ディーラーの公認会計士、ファイナンシャル・プランナー。

一橋大学卒業後、証券会社で、リテール営業、株式引受業務（上場会社の情報開示サポート等を含む）、株式ディーリング業務、及び、株式オプションのプライシング業務等に従事。

その後、株式の新規上場を目指す会社で、IPO準備責任者や、経理財務責任者として、業務統括などに携わる。

mail:cpaky0@yahoo.co.jp

元証券ディーラーが株を長期放置で2倍4倍にする方法

2021年3月1日　　初版発行

著　者	公認会計士ＫＹ
発行者	和　田　智　明
発行所	株式会社 ぱる出版

〒160-0011　東京都新宿区若葉1-9-16
03(3353)2835―代表　03(3353)2826―FAX
03(3353)3679―編集
振替　東京　00100-3-131586
印刷・製本　中央精版印刷(株)

ISBN978-4-8272-1269-3　C0033